JN303180

いちばんやさしい! いちばんおいしい!

スコーン&ホットビスケット

藤田千秋

Scone & Hot Biscuit

はじめに

「スコーン」と聞いて思い浮かべるのは、どんなイメージですか?
イギリス、アフタヌーンティー、テーブルセッティング、ジャム、クロテッドクリーム…。
ホテルなどでいただくスコーンは上品で、トラディショナルなイメージですね。
最近はカフェでスコーンを見かけることも多くなり、専門店も増えてきました。
味も食感も、さまざまなものが売られています。
色々と食べ比べてみるのが楽しく、私も気になって、つい手が伸びます。
味も形もいろいろなスコーンがありますが、イギリス風のものは「スコーン」、
カフェで見かけるようなアメリカ風のざっくりとカジュアルなものは「ホットビスケット」。
私の中では、そんな印象です。

スコーンやホットビスケットは洋菓子店やカフェなどで手軽に買うことができますが、
何と言っても焼きたては格別の味。外側はさっくりなのに、中はふんわりとしていて、
手作りした人だけが味わえるおいしさです。
そんな焼きたてのおいしさを味わってほしいという思いを込めて、本書では、
スコーンとホットビスケットを55種類ご紹介。ポピュラーなおやつタイプはもちろん、
ベーコンやオリーブなどを使った、塩味のお食事タイプも作ることができるから、
色々な場面で楽しめます。

使用する粉は100g、バターは20gのわかりやすい分量。
たくさん作りたい方は、倍量で作っていただいても大丈夫です。
基本の作り方さえ覚えてしまえば、好きな材料を加えたり、デコレーションをしたり、
粉の配合を変えたりと、アレンジは自由自在です。

いろいろ試して、お気に入りのスコーンやホットビスケットを探してみて下さいね。

藤田千秋

Contents

はじめに………3

Part 1
基本のスコーンと
ホットビスケットを焼いてみよう

基本の生地の作り方………8

基本のスコーン
チェダーチーズスコーン………10

基本のホットビスケット
ブルーベリーホットビスケット………14

ジャムとクリームも手作りで………18

生地のアレンジ………20

おいしく食べるために………22

Part 2
簡単！ 食事スコーン＆
ホットビスケット

穀物・ハーブ・野菜

オートミールとくるみのホットビスケット………24

全粒粉のスコーン………26

炒め玉ねぎのホットビスケット………27

ポテトスコーン………28

アボカドホットビスケット………30

さつまいも＆白ごまのスコーン………31

五穀パンケーキ………32

トマト＆バジルのホットビスケット………34

ハニーキャロットホットビスケット………36

コーン＆オクラのホットビスケット………37

かぼちゃ＆シナモンのホットビスケット………38

オリーブのせおつまみスコーン………39

乳製品

カッテージチーズスコーン………40

ヨーグルト入り揚げスコーン………42

ピンクペッパー＆クリームチーズの
おつまみスコーン………44

豆乳＆ひよこ豆のスコーン………45

デリ風

カルツォーネ………46

パセリ＆ベーコンのホットビスケット………48

ソーセージのパイ風………49

スコーン＆ホットビスケットサンド

スモークサーモンサンド………50

豆腐のディップ………51

生ハム＆ルッコラ………51

カレーチキンサラダ………52

カイワレ＆アボカドサンド………52

Part 3
楽々！ おやつスコーン＆ホットビスケット

定番
紅茶のスコーン…………54

黒ごまホットビスケット…………55

トリュフ風ココアスコーン…………56

スコーンデピス…………58

フルーツ
パイナップル＆ココナッツの
ホットビスケット…………60

ラズベリーのホットビスケット…………62

レモンのスコーン…………63

りんごのホットビスケット…………64

プルーンとアーモンドの
ホットビスケット…………66

レーズンのスコーン…………68

ポピーシードとオレンジのスコーン…………69

バナナ＆黒こしょうのホットビスケット…………70

クランベリーと
ホワイトチョコのホットビスケット…………71

和風
酒粕入りスコーン…………72

甘納豆のスコーン…………74

甘栗スコーン…………75

きな粉の揚げスコーン…………76

あんこ入り生地のスコーン…………78

黒糖みそスコーン…………79

成形バリエーション
ミニクロワッサン風…………80

抹茶のあんパン風スコーン…………82

ショートケーキ風スコーン…………83

コブラー風ポットパイ…………84

シナモンロール…………86

カフェ風
キャラメルホットビスケット…………88

アイリッシュスコーン…………90

ピーナッツバターホットビスケット…………91

チョコ＆アーモンドのホットビスケット…………92

メープル＆ピーカンナッツの
ホットビスケット…………93

道具リスト…………94

❄ 本書の決まり

◎ 大さじ1は15ml、小さじ1は5mlです。大さじ、小さじはすり切りで量って下さい。
◎ ベーキングパウダーは、4gが小さじ1で、3gは小さじ¾です。
◎ 卵はLサイズを使用しています。
◎ バターは特にことわりがない限り、食塩不使用のものを使用しています。
◎ 本書のレシピは電気オーブンで焼くことを想定して書いてありますが、オーブンの加熱温度、加熱時間、焼き上がりは機種によって異なります。表記の時間を目安に、使用するオーブンに合わせて調整して下さい。
◎ 塩は自然塩（あら塩など）を使用しています。精製塩を使用する場合は、塩気が強いので量を控えめにしてください。

❄ 塩の量り方

塩の分量は「指2本でひとつまみ」「指3本でひとつまみ」と表記しています。目安は下の写真を参考にして下さい。

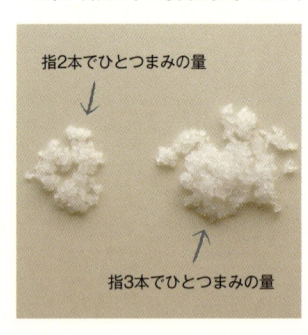

指2本でひとつまみの量
指3本でひとつまみの量

指2本＝小さじ⅛相当
指3本＝小さじ⅛〜¼相当

❄ おいしく焼くために知っておきたいこと

◎ オーブンは十分に予熱しましょう。レシピの温度より20℃ほど高めに設定し、しっかり予熱をすると生地を入れた時に庫内の温度が下がりにくくなります。
◎ グラニュー糖やはちみつなどのトッピングをしているものは、焦げやすいので注意が必要です。様子を見ながら焼き、焦げそうであれば手早くオーブンを開けてアルミホイルをかぶせて下さい。
◎ 焼き色が薄い場合はレシピの温度より10℃高く設定し、レシピの時間のまま焼いてみましょう。水分の飛びが悪い場合は、レシピの温度のまま、レシピの時間より3〜5分長く焼いてみましょう。

Part 1

基本のスコーンと
ホットビスケットを
焼いてみよう

基本の生地の作り方

この本で紹介しているスコーンとホットビスケットは、本格的なおいしさなのに作り方は簡単。材料を合わせたらすぐに焼けるので、あっという間にできたてを食べられます。まずはプレーンな生地の作り方で基本をマスターしましょう。

(1) 材料

材料(4個分)

A ┌ 薄力粉──100g
　├ 砂糖──5g
　├ あら塩──指2本でひとつまみ
　└ ベーキングパウダー──3g(小さじ¾)

バター──20g
牛乳──50g
薄力粉(仕上げ用)──適量

粉類を量るときは

ボウルに万能こし器を重ねてスケールの上にのせ、そのなかに材料を足していくと計量がラク。

(2) 準備

- オーブンを220℃に予熱しておく。
  ※実際に焼くときの温度は200℃ですが、高めの温度でしっかり予熱しておくと、生地を入れた時に庫内の温度が下がりにくくなります。

- バターは1cm角に切り、冷蔵庫で冷やしておく。

(3) 作り方

1. 粉をふるう

Aをボウルにふるい入れる。

2. バターを加える

バターを入れ、指先で押しつぶしながら細かくする。ある程度細かくなったら、手のひらをすり合わせてさらに細かくしていく。

バターの粒が細かくなった状態

粒がゴマくらいに細かくなり、全体が均一のそぼろ状になったらOK。

3. 牛乳を加える

バターの粒が細かくなったら、牛乳の⅔くらいを全体に回し入れ、カードで切るようにして混ぜる。

> このとき牛乳を小さじ1ほど別の容器に取り分けておくと、あとで水分量の調節がしやすい。

4. 牛乳をさらに加える

生地の様子を見ながら、なるべく粉っぽいところに残りの牛乳を入れ、同様にして混ぜる。

5. まとめる

全体がしっとりしてきたらボウルから出し、両手で押さえてひとかたまりにする。まだ粉っぽい場合は、取り分けておいた小さじ1の牛乳をふりかける。

6. 生地を切って重ねる

生地をカードで半分に切り、重ねて押さえる作業を2～3回繰り返す。まとまってきたら手で押さえて、1.5cmくらいの厚さにする。生地がべたつくときは打ち粉をする。

7. 切り分ける

カードで周りをととのえ、8×10cmくらいの長方形にする。カードで生地を4等分に切り分け、オーブンシートを敷いた天板に、間隔をあけて並べる。

8. 焼く

茶こしで軽く薄力粉をふる。オーブンを200℃に設定し直し、20～25分焼く。

9. 冷ます

焼けたらすぐにケーキクーラーなどにとって冷ます。乾燥するとかたくなるので、冷めたらすぐにポリ袋などに入れて保存する。

■ 生地のまとめかた

こねずになじませる作業。重ねるときは、粉っぽい面を内側にするのがポイント。手で押さえるときも、こねないように力を均一にかけて。

カードで半分に切る

切った生地を重ねる

手で押さえる

■ 少し寝かせると、もっとおいしくなる！

p14で紹介しているようなドロップタイプの生地以外は、作ってすぐに焼くことができますが、ラップで包んで冷蔵庫で30分～3時間ほど休ませてから焼くと、よりおいしく焼くことができます。また、生地の状態でも冷凍可能です（冷凍保存の方法と焼き方はp22参照）。

フードプロセッサーを使うと、生地作りがもっと簡単に！

①～④の工程は、フードプロセッサーを使うと手早く行うことができます。最初に2～3回パルスすると、粉をふるわなくてもいいので手軽です。

基本のスコーン

基本の生地の作り方を覚えたら、今度は具材を入れて焼いてみましょう。
まずは、カリッと焼けたチーズが香ばしいシンプルなスコーンを紹介します。

チェダーチーズスコーン

大きく作る

小さく作る

とろけたチーズがかりっと焼けて、朝食にもおつまみにも大人気

チェダーチーズスコーン

◎**材料** (5cm大×4個分 or 3cm大×12個分)

A ┌ 薄力粉──100g
　├ 砂糖──5g
　├ あら塩──指2本でひとつまみ
　└ ベーキングパウダー──3g (小さじ¾)

バター──20g
牛乳──50g
チェダーチーズ──30g
※ゴーダチーズなど好みのチーズでもOK。

薄力粉(仕上げ用)──適量

◎**準備**
- オーブンを220℃に予熱しておく。
- バターは1cm角に切り、冷蔵庫で冷やしておく。
- チェダーチーズは1cm角に切っておく。
- Aを合わせてボウルにふるい入れておく。

1. 混ぜる

ふるったAの入ったボウルにバターを入れ、指先と手のひらでバターを細かくし、チェダーチーズを入れる。

2. 牛乳を入れる

全体に牛乳の¾くらいを回し入れ、カードで切るようにして混ぜる。さらに、なるべく粉っぽいところに残りの牛乳を回し入れ、同様にして混ぜる。

3. まとめる

全体がしっとりしてきたらボウルから出し、両手で押さえてひとかたまりにする。

4. 生地を切って重ねる

カードで生地を半分に切っては重ねて押さえる作業を2〜3回くり返し、まとまってきたら手で押さえて1.5cmくらいの厚さにする。

5. 切り分ける

大きく作る

カードで生地を8×10cmくらいの長方形にととのえ、4等分する。オーブンシートを敷いた天板に、間隔をあけて並べる。

小さく作る

カードで生地を9×12cmくらいの長方形にととのえ、12等分する。オーブンシートを敷いた天板に、間隔をあけて並べる。

6. 焼く

茶こしでかるく薄力粉をふる。オーブンを200℃に設定し直し、20〜25分焼く。

茶こしでかるく薄力粉をふる。オーブンを200℃に設定し直し、15〜18分焼く。

基本のホットビスケット

スプーンを使って生地を天板に落とすだけでできる、
成形のいらないドロップタイプのホットビスケットを作りましょう。

ブルーベリー
ホットビスケット

大きく作る

小さく作る

大きく焼くとしっとり、小さく焼くとクッキーのような食感に

ブルーベリーホットビスケット

◎ **材料**（5cm大×6個分 or 3cm大×10個分）

A ┬ 薄力粉────100g
　├ 砂糖────10g
　├ あら塩────指2本でひとつまみ
　└ ベーキングパウダー────3g（小さじ¾）

バター────20g
牛乳────60g
ブルーベリー（冷凍）────60g

◉ **準備**

- オーブンを220℃に予熱しておく。
- バターは1cm角に切り、冷蔵庫で冷やしておく。
- Aを合わせてボウルにふるい入れておく。

1. 混ぜる

ふるったAの入ったボウルにバターを入れ、指先と手のひらでバターを細かくし、凍ったままのブルーベリーを入れる。

2. 牛乳を入れる

全体に牛乳の¾くらいを回し入れ、大きめのスプーンで切るようにして混ぜる。

■ 混ぜ方のコツ

ときどきスプーンをボウルのフチに沿わせるようにしてぐるっと混ぜる。

3. 混ぜる

なるべく粉っぽいところを目がけて残りの牛乳を回し入れ、同様にして混ぜる。

■ 混ぜ終わりの状態

ドロップタイプの生地は、型抜きや切り分けの生地と比べて水分量が多く、少しべたっとしているのが特徴。多少粉っぽいところが残るくらいで混ぜ終わるのがコツ。

4. 生地を天板に落とす

大きく作る
2本のスプーンを使って天板に生地を落とす。まず少なめの量で6個作り、余った生地をバランスを見ながら足していくとよい。

小さく作る
2本のスプーンを使って天板に生地を落とす。まず少なめの量で10個作り、余った生地をバランスを見ながら足していくとよい。

⇩

オーブンを200℃に設定し直し、25〜30分焼く。

⇩

オーブンを200℃に設定し直し、18分焼く。

5. 焼く

スコーン&ホットビスケットのトッピング

焼く前や焼いた後にちょっと手を加えるだけで、よそゆきの雰囲気に。

1 牛乳を塗って焼く 
表面に照りをつけたいときに。
》P54,68

2 グラニュー糖をふって焼く 
手軽に甘みを足せる。
》P60,64,66,74,75,84

3 粉砂糖をふって焼く 
繊細な仕上がりに。
》P56,80

4 はちみつを塗って焼く 
甘い香りをプラス。焦げやすいので注意。
》P36,58

5 焼き上がりに粉砂糖をふって 
かわいらしい印象に。
》P86

6 焼き上がりにアイシングをかけて 
見た目の印象も大きくチェンジ。
》P63,86

ジャムとクリームも手作りで

本書のスコーンはどれもそのままでおいしく食べられるものばかりですが、
ジャムやバター類を添えれば、まったく違った新しいおいしさに！ 色々な組み合わせを試してみて。

レモンカード

◎ 材料（約⅔カップ分）
レモン汁……50ml
レモンの皮（すりおろす）……1個分
卵……1個
グラニュー糖……60g
バター……50g（4〜5個に切り分ける）

● 作り方
1. 卵、グラニュー糖、レモン汁を合わせて泡立て器でかき混ぜ、一度こして鍋に入れる。
2. 泡立て器でかき混ぜながら弱火にかける。冷たいバターをひとかけら加えて混ぜ、溶けたら次のバターを加えて混ぜる。同様にしてすべてのバターを加える。
3. とろみがついたら火を止める。レモンの皮を入れて混ぜ、清潔な瓶につめて冷まし、冷蔵庫で保存する。未開封のものは、1ヵ月保存可能。

アプリコット＆オレンジのジャム

◎ 材料（1カップ強分）
ドライアプリコット……100g
ネーブルオレンジ……1個
白ワイン……100ml
グラニュー糖……150g

● 作り方
1. ドライアプリコットは一度ゆでこぼしてから細切りにする。オレンジは皮をむいて繊維を断ち切るようにざく切りにする。
2. ①と白ワイン、グラニュー糖を鍋に入れて中火にかける。
3. 焦げ付かないようにかき混ぜながら、とろみがついたら火を止める。清潔な瓶につめて冷まし、冷蔵庫で保存する。未開封のものは、2〜3ヵ月保存可能。

クルミバター

◎ 材料（1カップ弱分）
くるみ（生）……100g
メープルシロップ……40g
ピーナッツ油……30g
※ない場合は、サラダ油で代用可。
あら塩……少々

● 作り方
1. くるみは5〜6分ほどゆでて渋抜きをし、150℃のオーブンで20分焼く。
2. できるだけ薄皮を取ってフードプロセッサーにかける。細かくなったらボウルに移し、メープルシロップとピーナッツ油、塩を少しずつかき混ぜながら加える。清潔な瓶につめて冷まし、冷蔵庫で保存する。未開封のものは、2ヵ月保存可能。

チョコミルク

◎ 材料(約1カップ分)
牛乳……500ml
生クリーム……50ml
砂糖……50g
チョコレート(製菓用)……50g

● 作り方
1. チョコレート以外の材料を鍋に入れ、中火にかける。途中、泡立て器でかき混ぜながら焦げ付かないように注意する。
2. 1時間半ほど煮て、少し色付き、とろみがついてきたらチョコレートを割り入れて混ぜる。
3. 清潔な瓶につめて冷まし、冷蔵庫で保存する。未開封のものは、1ヵ月保存可能。

ミルククリーム

◎ 材料(約2/3カップ分)
バター……50g
コンデンスミルク……50g
サワークリーム……50g

● 作り方
1. バターを室温で柔らかくし、コンデンスミルクを少しずつ加えながら泡立て器で混ぜる。
2. ①にサワークリームを加え、なめらかになるまで混ぜる。
3. 清潔な瓶につめて、冷蔵庫で保存する。未開封のものは、4～5日保存可能。

塩キャラメルバター

◎ 材料(約2/3カップ分)
砂糖……30g
水……小さじ1
生クリーム……30ml
バター……50g
塩……少々

● 作り方
1. 砂糖と水を鍋に入れて中火にかける。茶色く色付いてきたら、一呼吸おいて火を止める。生クリームを加えて鍋をゆすり、別容器に移して冷ます。
2. バターを室温で柔らかくして、冷えた①を加えて混ぜる。
3. 清潔な瓶につめ、冷蔵庫で保存する。未開封のものは、1ヵ月保存可能。

生地のアレンジ

基本の生地にジャムやクリームを添えていただくのもおいしいものですが、
基本の生地の配合を少し変えるだけで、生地自体のアレンジができます！
食感や風味の異なる様々なタイプを作って楽しみましょう。

※このページで紹介している生地は、それぞれの説明の下にあるページで詳しいレシピを紹介しています。

1 オートミール

食物繊維たっぷりでヘルシー。牛乳と一緒に、朝食に召し上がれ
» P24

2 全粒粉

香ばしくて、ざくざくとした噛み応え。食事だけでなく、はちみつを添えておやつとしても
» P26

3 五穀

ぷちぷちとした五穀の食感が楽しい。柔らかめの生地だから、フライパンで手軽に焼けます
» P32

4 抹茶

ほのかに抹茶の香りがする、きれいなグリーンのスコーン。あんこや栗などの和素材にぴったり。
» P82

5 トマト

トマトの風味が口の中に広がります。バジルなどのハーブが好相性
» P34

6 生クリーム

牛乳の代わりに生クリームを加えると、口どけのいいほろっとした焼き上がりに
» P83

7 黒ビール

深いコクと麦芽の香りが、ナッツやドライフルーツとよく合います
» P90

8 豆乳ひよこ豆

ほんのりと豆乳が香る、やさしい風味のスコーン。ひよこ豆は、甘納豆などほかの豆に変えてもおいしくできます
» P45

おいしく食べるために

食べごろは？ 冷めてしまったら？ 保存はできるの？
せっかく作ったスコーンやホットビスケットなのだから、おいしくいただきたいもの。
ここでは、知っておきたいポイントを解説します。

食べごろ

やっぱり、表面がさっくりとして中がふんわりの焼きたてが一番。でも、正しく保存して温め直すことで、焼きたてのようなおいしさを味わうことができます。

保存

密閉できる袋や容器に入れ、冷蔵庫か冷凍庫に入れて保存しましょう。おいしく食べるには、冷蔵庫で1～2日、冷凍庫で2週間が保存の目安。また、焼く前の生地を冷凍保存しておくこともできます。こちらは2～3週間が保存の目安です。

冷蔵・冷凍どちらの場合も、密閉できる袋や容器に入れて。

焼く前の生地を冷凍する場合は、ラップにぴったり包んで。カットしてから冷凍すると、食べたい分だけ取り出して焼けるので便利。

温め

焼いてある生地は室温で自然解凍するだけでも食べられますが、自然解凍したものをオーブントースターで4～5分温め直すと、焼きたてのようなおいしさが味わえます。
焼く前の生地は、自然解凍してからレシピ通りの時間で焼きましょう。

自然解凍は、冷凍庫から取り出して置いておくだけでOK。

Scone
&
Hot Biscuit

Part 2
簡単!
食事スコーン&
ホットビスケット

穀物・ハーブ・野菜

野菜や雑穀でヘルシーに。生地に野菜が入ると、
その水分のおかげで焼き上がりもしっとり。

Corn, herb & vegetable

オートミールの風味に黒糖のやさしい甘さが加わり、朝食にも向く

オートミールとくるみの
ホットビスケット

くるみは軽く表面に色が付くくらいまでから焼きする。

ボウルにオートミールを入れ、牛乳を加えてふやかす。

ふやかしたオートミールは、牛乳より先に生地に加える。

◎材料（6個分）

A ┌ 薄力粉——100g
  │ 黒糖（粉末状）——15g
  │ あら塩——指3本でひとつまみ
  └ ベーキングパウダー——4g

バター——30g
牛乳——100g
オートミール——50g
くるみ——25g

◎準備
- くるみは150℃のオーブンで10分から焼きして手で砕いておく。
- オーブンを220℃に予熱しておく。
- バターは1cm角に切り、冷蔵庫で冷やしておく。
- オートミールに牛乳100gのうち80gを加えてなじませておく。
- Aを合わせてボウルにふるい入れておく。

●作り方

1. ふるったAの入ったボウルにバターを入れ、指先と手のひらでバターを細かくする。

2. くるみを全体に散らすように加え、大きめのスプーンで混ぜる。オートミールと牛乳を合わせたものを全体に回し入れ、スプーンで切るようにして混ぜる。残り全ての牛乳を加え、同様にして混ぜる。

3. 粉っぽいところがほぼなくなったら、2本のスプーンを使ってオーブンシートを敷いた天板に6個に分けて落とす。

4. オーブンを200℃に設定し直し、25～30分焼く。

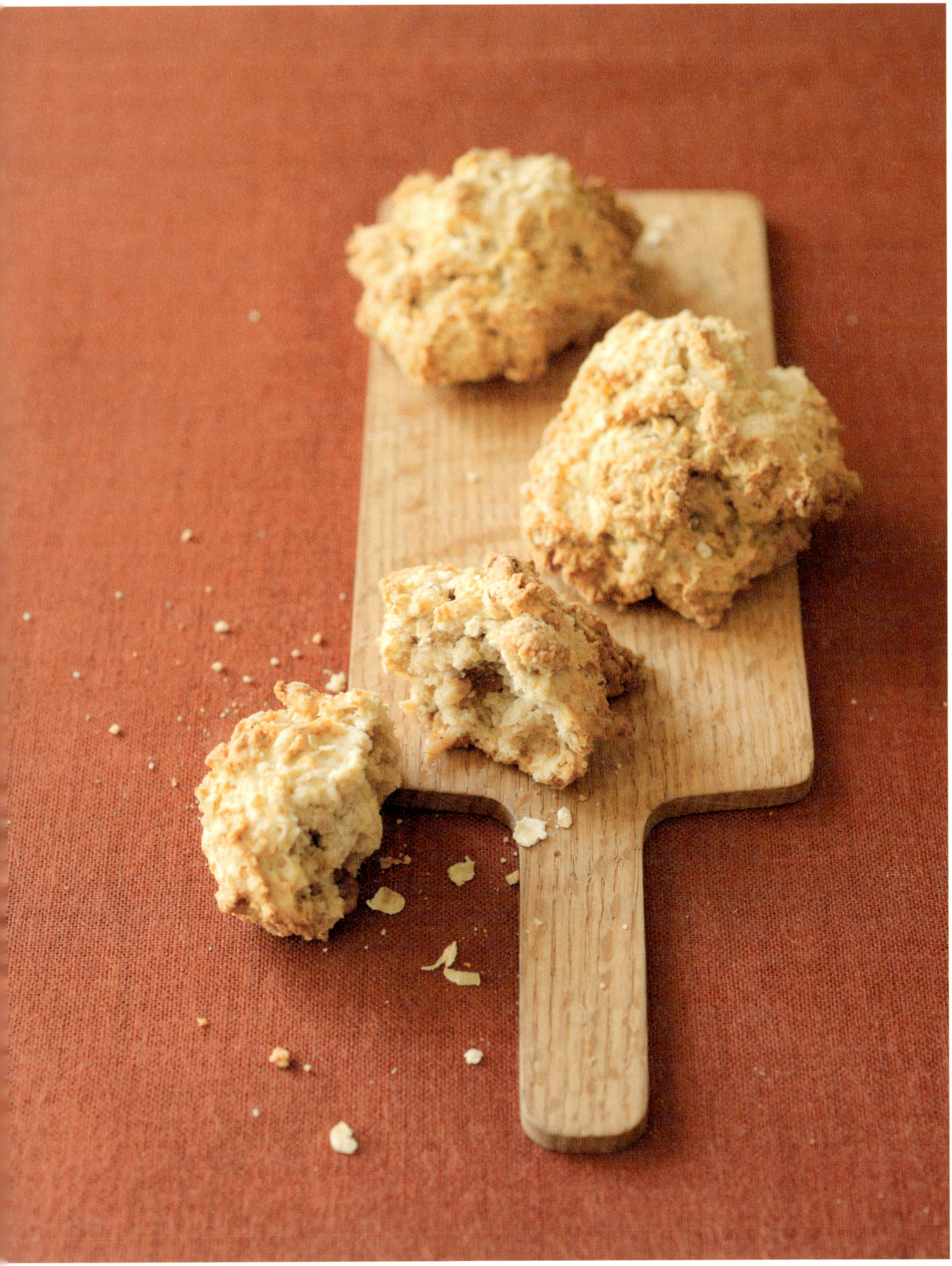

外側はざっくり、内側はしっとりとした食感で、粉の風味が香ばしい

全粒粉のスコーン

◎材料（6個分）

A ┌ 薄力粉——100g
　├ 全粒粉——50g
　├ 砂糖——10g
　├ あら塩——指3本でひとつまみ
　└ ベーキングパウダー——4g

バター——30g
牛乳——65g
全粒粉（仕上げ用）——少々

◎準備
● オーブンを220℃に予熱しておく。
● バターは1cm角に切り、冷蔵庫で冷やしておく。
● Aを合わせてボウルにふるい入れておく。

●作り方
1. ふるったAの入ったボウルにバターを入れ、指先と手のひらでバターを細かくする。
2. 牛乳の¾くらいを全体に回し入れ、カードで切るようにして混ぜる。残り全ての牛乳を加え、同様にして混ぜる。
3. 全体がしっとりしてきたらボウルから出し、手で押さえてひとかたまりにする。カードで生地を半分に切っては重ねる作業を2〜3回繰り返す。
4. カードで直径12cmくらいの円形にととのえて、生地を放射状に6等分する。オーブンシートを敷いた天板にのせ、茶こしで全粒粉をふる。
5. オーブンを200℃に設定し直し、25〜30分焼く。

Corn, herb & vegetable

炒めて甘みを出した玉ねぎに、粗びき黒こしょうがアクセント

炒め玉ねぎのホットビスケット

◎材料（6個分）
A ┌ 薄力粉——100g
　├ 砂糖——5g
　├ あら塩——指2本でひとつまみ
　└ ベーキングパウダー——3g
バター——20g
牛乳——50g
玉ねぎ（皮をむいた状態）——100g
オリーブオイル——適量
塩——少々
粗びき黒こしょう——少々

◎準備
● オーブンを220℃に予熱しておく。
● バターは1cm角に切り、冷蔵庫で冷やしておく。
● 玉ねぎは薄切りにしてオリーブオイルでしんなりするまで炒め、軽く塩と粗びき黒こしょうをふって冷ましておく。
● Aを合わせてボウルにふるい入れておく。

●作り方
1. ふるったAの入ったボウルにバターを入れ、指先と手のひらでバターを細かくする。
2. 炒めた玉ねぎを全体に散らすように加え、大きめのスプーンで混ぜる。牛乳の¾くらいを全体に回し入れ、スプーンで切るようにして混ぜる。残り全ての牛乳を加え、同様にして混ぜる。
3. 粉っぽいところがほぼなくなったら、2本のスプーンを使ってオーブンシートを敷いた天板に6個に分けて落とす。
4. オーブンを200℃に設定し直し、25〜30分焼く。
※途中、焦げそうなら手早くアルミホイルをかける。

焼きたてほかほかに、バターをのせてもおいしい

ポテトスコーン

◎材料（6個分）

A ┌ 薄力粉──100g
　├ 砂糖──5g
　├ あら塩──指3本でひとつまみ
　└ ベーキングパウダー──3g

バター──20g
牛乳──50g
じゃがいも（皮をむいた状態）
　　　──約120g
ローズマリー──小¼枝
ローズマリー（仕上げ用）──適量

◎準備
- オーブンを220℃に予熱しておく。
- バターは1cm角に切り、冷蔵庫で冷やしておく。
- じゃがいもはラップをして電子レンジで4分ほど加熱する。やわらかくなったらつぶして冷まし、90g用意する。
- 生地に入れるローズマリーは葉を摘み、刻んでおく。
- Aを合わせてボウルにふるい入れておく。

●作り方

1. ふるったAの入ったボウルにバターを入れ、指先と手のひらでバターを細かくする。

2. ローズマリーとマッシュポテトを全体に散らすように加え、カードで混ぜる。牛乳の¾くらいを全体に回し入れ、カードで切るようにして混ぜる。残りの牛乳を加え、同様にして混ぜる。じゃがいもの水分量によって、必要であれば牛乳の量を調節する。

3. 全体がしっとりしてきたらボウルから出し、手で押さえてひとかたまりにする。カードで生地を半分に切っては重ねる作業を2〜3回繰り返す。

4. カードで生地を9×12cmくらいの長方形にととのえて、6等分する。オーブンシートを敷いた天板にのせ、それぞれにローズマリーを刺す。

5. オーブンを200℃に設定し直し、25〜30分焼く。

じゃがいもはフォークの背などを使ってつぶす。つぶしている間に水蒸気となって水分が飛び、重量が軽くなる。

Corn, herb & vegetable

アボカドのグリーン色が、焼いてもきれいに残る
アボカドホットビスケット

◎材料（6個分）

A ┌ 薄力粉——100g
　│ 砂糖——5g
　│ あら塩——指2本でひとつまみ
　└ ベーキングパウダー——3g

バター——20g
牛乳——50g
アボカド——50g

◎準備
- オーブンを220℃に予熱しておく。
- バターは1cm角に切り、冷蔵庫で冷やしておく。
- アボカドは2cm角に切る。
- Aを合わせてボウルにふるい入れておく。

●作り方
1. ふるったAの入ったボウルにバターを入れ、指先と手のひらでバターを細かくする。
2. アボカドを全体に散らすように加え、大きめのスプーンで混ぜる。牛乳の¾くらいを全体に回し入れ、スプーンで切るようにして混ぜる。残り全ての牛乳を加え、同様にして混ぜる。
3. 粉っぽいところがほぼなくなったら、2本のスプーンを使ってオーブンシートを敷いた天板に6個に分けて落とす。
4. オーブンを200℃に設定し直し、20～25分焼く。

Corn, herb & vegetable

焼いたあとに切り離すから、生地がよりしっとり

さつまいも＆白ごまのスコーン

◎材料（6個分）

A ┌ 薄力粉——100g
　├ 砂糖——5g
　├ あら塩——指3本でひとつまみ
　└ ベーキングパウダー——3g

バター——20g
牛乳——50g
さつまいも（皮付き）——100g
白ごま——10g

◎準備
- オーブンを220℃に予熱しておく。
- バターは1cm角に切り、冷蔵庫で冷やしておく。
- さつまいもは皮付きのまま1.5cm角に切り、水からゆでる。沸騰してから1分ほどでザルに上げ、水分を切って冷ましておく。
※あとで加熱するので、この段階のゆで具合はかためでよい。
- Aを合わせてボウルにふるい入れておく。

●作り方
1. ふるったAの入ったボウルにバターを入れ、指先と手のひらでバターを細かくする。
2. 白ごまとさつまいもを全体に散らすように加え、カードで混ぜる。牛乳の¾くらいを全体に回し入れ、カードで切るようにして混ぜる。残り全ての牛乳を加え、同様にして混ぜる。
3. 全体がしっとりしてきたらボウルから出し、手で押さえてひとかたまりにする。カードで生地を半分に切っては重ねる作業を2〜3回繰り返す。
4. カードで生地を直径12cmくらいの円形にととのえ、放射状の切れ目を6等分するように入れる。オーブンシートを敷いた天板にのせる。
5. オーブンを200℃に設定し直し、30分焼く。

柔らかめの生地をフライパンで焼けば、しっとりおいしいパンケーキに

五穀パンケーキ

◎材料（直径9cmのパンケーキ6枚分）

A ┬ 薄力粉——100g
　├ 砂糖——10g
　├ あら塩——指3本でひとつまみ
　└ ベーキングパウダー——3g

バター——20g
牛乳——75g
五穀＊——50g
サラダ油——適量

＊米、麦、豆、アワ、キビまたはヒエなど人が常食する5種の穀物のこと。十穀、十六穀などでもよい。

●準備

- バターは1cm角に切り、冷蔵庫で冷やしておく。
- 五穀はたっぷりの水を加えて火にかけ、沸騰したら弱火にして10分茹でる。ザルに上げ、流水をかけて冷まし、しっかり水気を切っておく。
- Aを合わせてボウルにふるい入れておく。

●作り方

1. ふるったAの入ったボウルにバターを入れ、指先と手のひらでバターを細かくする。

2. 準備した五穀を全体に散らすように加え、大きめのスプーンで混ぜる。牛乳の¾くらいを全体に回し入れ、スプーンで切るようにして混ぜる。残り全ての牛乳を加え、切るようにして混ぜる。
※パンケーキなので、ドロップタイプのもの（P14のブルーベリーホットビスケットなど）よりやわらかめの生地になる。

3. フライパンにサラダ油を入れて熱し、②の生地の⅙を落として直径9cmくらいに平たくととのえる。フタをして弱火で2分ほど焼き、焼き色がついたらひっくり返してさらに2分ほど焼く。残りの生地も同様に焼く。

キビなどの小さな粒が流れないよう、ザルはなるべく目の細かいものを使って。

こんがりと焼き色がついたら、裏返しのタイミング。

Corn, herb & vegetable

Part 2

イタリアンな具材のスコーンは、ワインのおつまみにもぴったり

トマト＆バジルの
ホットビスケット

◎材料（6個分）

A ┌ 薄力粉——100g
　├ 砂糖——5g
　├ あら塩——指2本でひとつまみ
　└ ベーキングパウダー——3g

バター——20g
トマトジュース（有塩）——50g
バジルの葉——2〜3枚

●準備
・オーブンを220℃に予熱しておく。
・バターは1cm角に切り、冷蔵庫で冷やしておく。
・バジルの葉はちぎっておく。
・Aを合わせてボウルにふるい入れておく。

●作り方

1. ふるったAの入ったボウルにバターを入れ、指先と手のひらでバターを細かくする。

2. バジルを全体に散らすように加える。全体にトマトジュースの¾くらいを回し入れ、大きめのスプーンで切るようにして混ぜる。残り全てのトマトジュースを加え、同様にして混ぜる。

3. 粉っぽいところがほぼなくなったら、2本のスプーンを使ってオーブンシートを敷いた天板に6個に分けて落とす。

4. オーブンを200℃に設定し直し、20〜25分焼く。

Corn, herb & vegetable

トマトジュースを加えたら、ときどき底から粉をすくい上げるようにして、全体を切るように混ぜる。

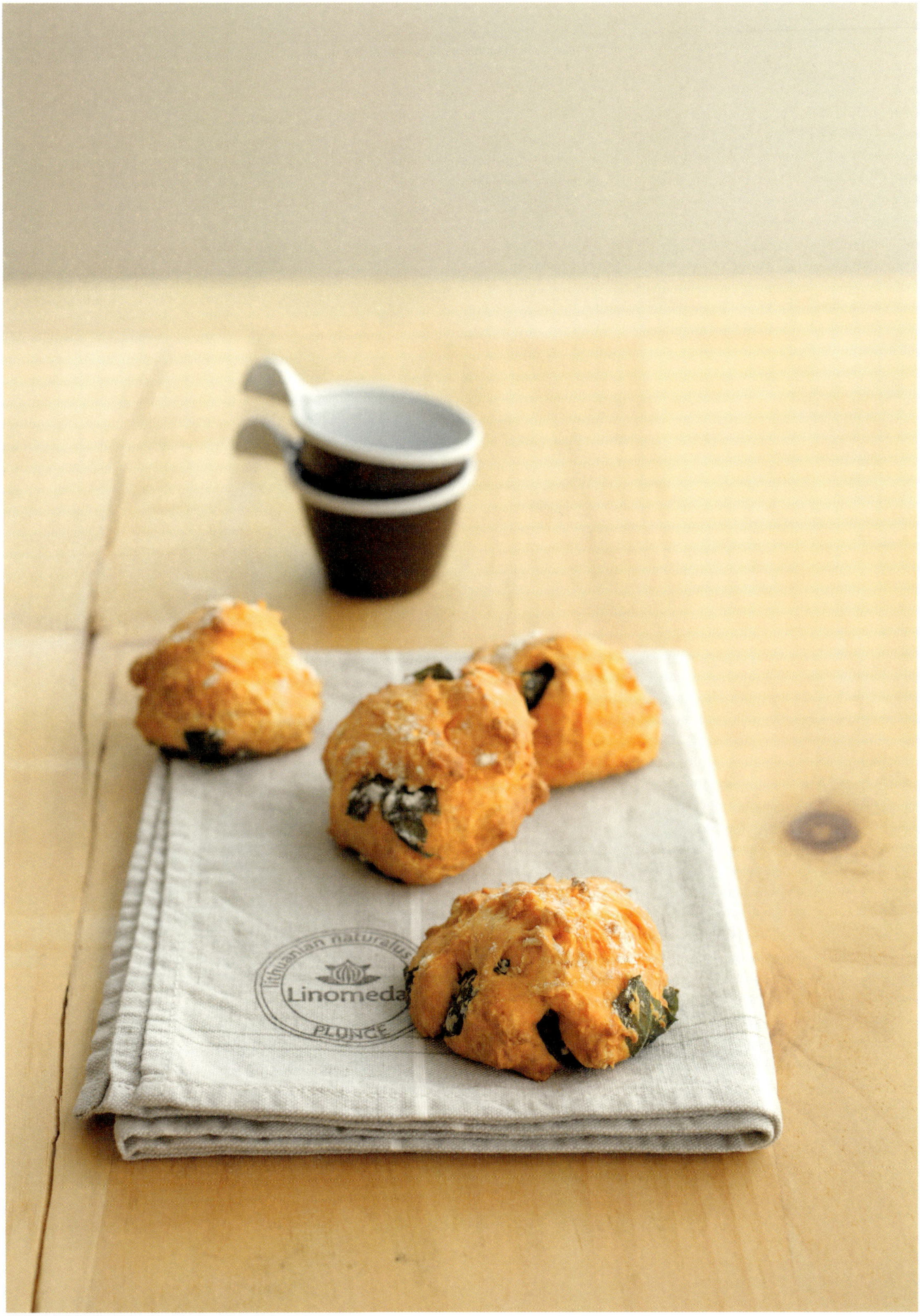
lithuanian naturalus
Linomeda
PLUNGE

焼き上がりの色もきれいな、ヘルシーおやつホットビスケット
ハニーキャロットホットビスケット

◎材料（6個分）
A ┌ 薄力粉——100g
　├ あら塩——指2本でひとつまみ
　└ ベーキングパウダー——3g
はちみつ——10g
バター——20g
牛乳——30g
にんじん（すりおろす）——50g
はちみつ（仕上げ用）——適量

◎準備
● オーブンを220℃に予熱しておく。
● バターは1cm角に切り、冷蔵庫で冷やしておく。
● すりおろしたにんじんとはちみつ10gを合わせておく。
● Aを合わせてボウルにふるい入れておく。

● 作り方
1. ふるったAの入ったボウルにバターを入れ、指先と手のひらでバターを細かくする。
2. にんじんとはちみつを合わせたものを全体に散らすように加え、大きめのスプーンで混ぜる。牛乳を2回に分けて回し入れ、そのつどスプーンで切るようにして混ぜる。
3. 粉っぽいところがほぼなくなったら、2本のスプーンを使ってオーブンシートを敷いた天板に6個に分けて落とす。スプーンなどで表面にはちみつを塗る。
4. オーブンを200℃に設定し直し、25〜30分焼く。
※途中、焦げそうなら手早くアルミホイルをかける。

Corn, herb & vegetable

夏の定番、コーンとオクラ。具材の色でカラフルに
コーン&オクラのホットビスケット

◎**材料**（8個分）

A ┌ 薄力粉——100g
　│ 砂糖——5g
　│ あら塩——指3本でひとつまみ
　└ ベーキングパウダー——3g

バター——20g
牛乳——60g
コーン（ホール・缶詰）——50g
オクラ——2本

◉**準備**
- オーブンを220℃に予熱しておく。
- バターは1cm角に切り、冷蔵庫で冷やしておく。
- オクラはさっと下ゆでして厚さ7〜8mmの小口切りにする。
- コーンは缶から出して水気を切った状態で計量する。
- Aを合わせてボウルにふるい入れておく。

●**作り方**
1. ふるったAの入ったボウルにバターを入れ、指先と手のひらでバターを細かくする。
2. コーンとオクラを全体に散らすように加え、大きめのスプーンで混ぜる。牛乳の¾くらいを全体に回し入れ、スプーンで切るようにして混ぜる。残り全ての牛乳を加え、同様にして混ぜる。
3. 粉っぽいところがほぼなくなったら、2本のスプーンを使ってオーブンシートを敷いた天板に8個に分けて落とす。
4. オーブンを200℃に設定し直し、20〜25分焼く。

マッシュしたかぼちゃ入りだからほっくりとして、シナモンとの相性も抜群

かぼちゃ&シナモンのホットビスケット

◎材料（6個分）

A ┌ 薄力粉——100g
　│ 砂糖——5g
　│ あら塩——指2本でひとつまみ
　│ ベーキングパウダー——3g
　└ シナモン（パウダー）——小さじ½

バター——20g
牛乳——60g
かぼちゃ（皮付き）——100g
かぼちゃの種——15粒程度

◎準備
- オーブンを220℃に予熱しておく。
- バターは1cm角に切り、冷蔵庫で冷やしておく。
- かぼちゃは皮付きのままラップをして電子レンジで3分ほど加熱し、柔らかくなったらフォークの背などでつぶし、冷ましておく。
- Aを合わせてボウルにふるい入れておく。

●作り方
1. ふるったAの入ったボウルにバターを入れ、指先と手のひらでバターを細かくする。
2. つぶしたかぼちゃを全体に散らすように加え、大きめのスプーンで混ぜる。牛乳の¾くらいを全体に回し入れ、スプーンで切るようにして混ぜる。残り全ての牛乳を加え、同様にして混ぜる。
3. 粉っぽいところがほぼなくなったら、2本のスプーンを使ってオーブンシートを敷いた天板に6個に分けて落とす。かぼちゃの種を刺す。
4. オーブンを200℃に設定し直し、25～30分焼く。

Corn, herb & vegetable

ひとくちサイズだから、ワインのおともにも
オリーブのせおつまみスコーン

◎**材料**(10個分)

A ┌ 薄力粉——100g
  │ 砂糖——5g
  │ あら塩——指2本でひとつまみ
  └ ベーキングパウダー——3g

バター——20g
牛乳——50g
オリーブ（種なし／黒、緑）
　——各5個
オリーブオイル（仕上げ用）——適量

◎**準備**
- オーブンを220℃に予熱しておく。
- バターは1cm角に切り、冷蔵庫で冷やしておく。
- Aを合わせてボウルにふるい入れておく。

●**作り方**

1. ふるったAの入ったボウルにバターを入れ、指先と手のひらでバターを細かくする。

2. 牛乳の¾くらいを全体に回し入れ、カードで切るようにして混ぜる。残り全ての牛乳を加え、同様にして混ぜる。

3. 全体がしっとりしてきたらボウルから出し、手で押さえてひとかたまりにする。カードで生地を半分に切っては重ねる作業を2～3回繰り返す。

4. カードで生地を10等分し、手で丸める。少し押しつぶし、オーブンシートを敷いた天板にのせてオリーブを埋め込む。表面にハケでオリーブオイルを塗る。

5. オーブンを200℃に設定し直し、15分焼く。

乳製品
Milk

牛乳の一部をフレッシュチーズやヨーグルトに代えて、
しっとり、こくのある味わいに。

手作りチーズでも作れる、しっとりふんわりの食感

カッテージチーズスコーン

抜き型に生地がくっつく場合は、抜き型にも打ち粉をまぶしてから抜くとよい。

生地を2個抜いたら、細かく散らばった生地もすべて1つにまとめて手で押さえ、さらに2個抜く。

◎ 材料
（直径5cmの丸抜き型で4個分+α）

A ┬ 薄力粉——100g
　├ 砂糖——5g
　├ あら塩——指2本でひとつまみ
　└ ベーキングパウダー——3g

バター——20g
牛乳——35g
カッテージチーズ（裏ごしタイプ）
　　——30g

※手作りのフレッシュチーズ（＊）を使う場合は、生地の状態をみて牛乳の量を少し減らす。

◎ 準備
● オーブンを220℃に予熱しておく。
● バターは1cm角に切り、冷蔵庫で冷やしておく。
● Aを合わせてボウルにふるい入れておく。

● 作り方
1. ふるったAの入ったボウルにバターを入れ、指先と手のひらでバターを細かくする。
2. カッテージチーズを指で細かくちぎりながら全体に散らすように加え、カードで混ぜる。牛乳の¾くらいを全体に回し入れ、カードで切るようにして混ぜる。残り全ての牛乳を加え、同様にして混ぜる。
3. 全体がしっとりしてきたらボウルから出し、手で押さえてひとかたまりにする。カードで生地を半分に切っては重ねる作業を2～3回繰り返す。
4. 厚さ1.5cmくらいにととのえ、抜き型で抜く。2個抜いたら残った生地を重ねて押さえ、さらに2個抜く。残った生地は手で1つにまとめ、オーブンシートを敷いた天板にのせる。
5. オーブンを200℃に設定し直し、20～25分焼く。

＊フレッシュチーズの作り方

手作りフレッシュチーズ
手作りのフレッシュチーズは生地に混ぜ込むほか、スコーンに添えて食べてもおいしい。ジャムと合わせたり、オリーブオイル、塩と合わせるのもおすすめ。

◎ 材料（作りやすい分量）
生クリーム 50g、牛乳 500g、
米酢（またはレモン汁）大さじ1～2

● 作り方
1. 生クリームと牛乳を鍋に入れて混ぜ、火にかける。沸騰直前まで温めたら火を止めて酢を回し入れる。しばらくそのままおき、分離してきたら大きく混ぜる。
2. ザルなどに厚手のペーパータオルを重ね、水分を切る。

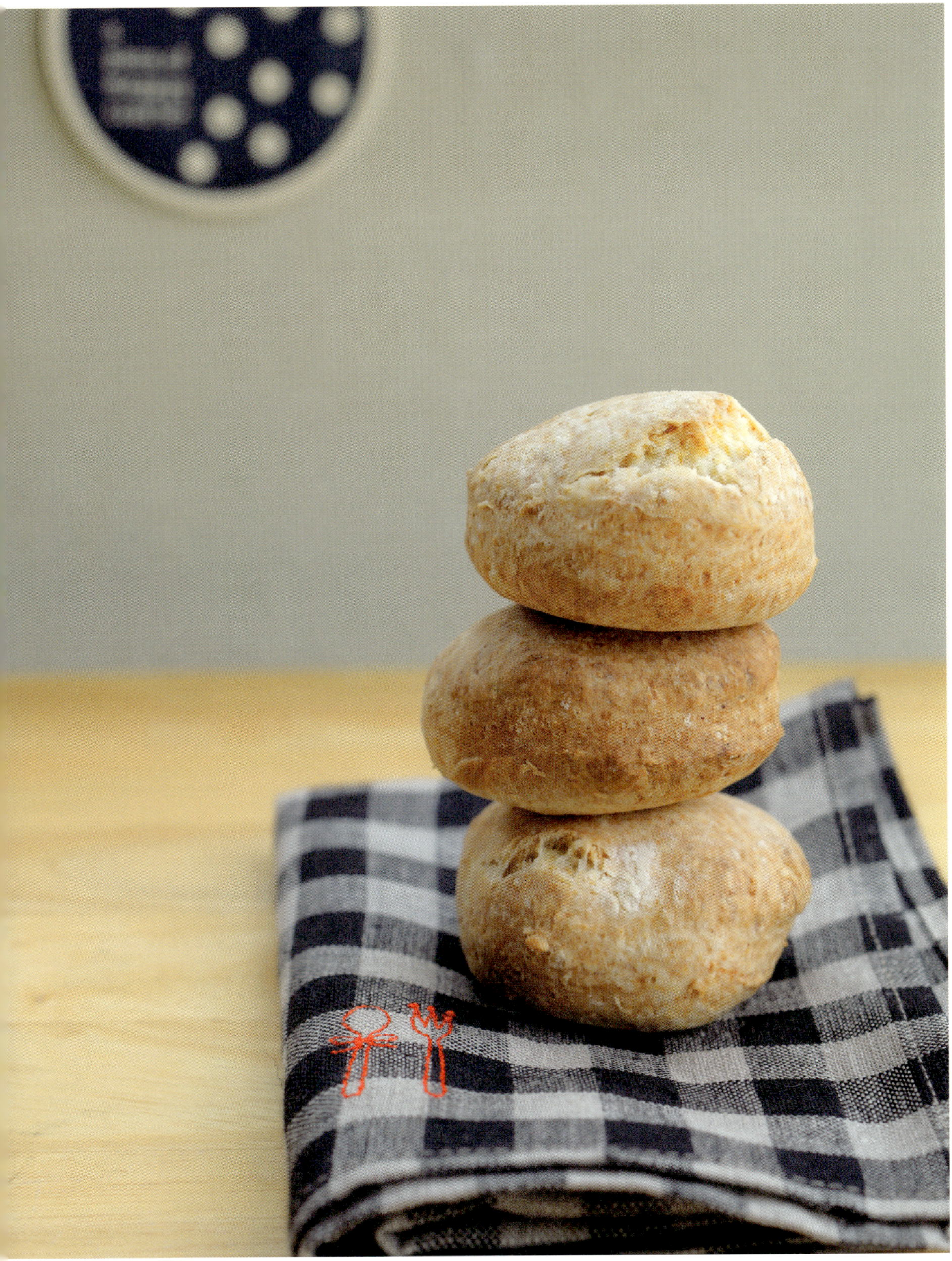

スコーンの生地を揚げてみたら、ふんわりドーナッツ風に。揚げたてにメープルシロップをかけて

ヨーグルト入り揚げスコーン

◎材料(8個分)

A ┌ 薄力粉——100g
　├ 砂糖——10g
　├ あら塩——指2本でひとつまみ
　└ ベーキングパウダー——3g

バター——20g
牛乳——30g
ヨーグルト(無糖)——50g
揚げ油——適量

メープルシロップ(好みで)——適量

◎準備
● バターは1cm角に切り、冷蔵庫で冷やしておく。
● Aを合わせてボウルにふるい入れておく。

●作り方
1. ふるったAの入ったボウルにバターを入れ、指先と手のひらでバターを細かくする。
2. ヨーグルトを加えて大きめのスプーンで切るように混ぜる。牛乳を回し入れ、同様にして混ぜる。
3. 粉っぽいところがほぼなくなったら、2本のスプーンを使って170℃に熱した揚げ油に落とす。途中で生地を返しながら4〜5分揚げ、8個作る。
4. 好みでメープルシロップなどをかける。

揚げ油の中に、静かに生地を滑り落としていく。油がはねないように注意！

Milk

ピンクペッパーがピリっとアクセントに。焦げないように低温で焼いて

ピンクペッパー&クリームチーズのおつまみスコーン

◎材料（10個分）

A ┌ 薄力粉──100g
　│ 砂糖──5g
　│ あら塩──指2本でひとつまみ
　└ ベーキングパウダー──3g
バター──20g
牛乳──50g
クリームチーズ──30g
ピンクペッパー──小さじ1

●準備
● オーブンを180℃に予熱しておく。
※ピンクペッパーが焦げないよう、通常より低い温度で焼く。
● バターは1cm角に切り、冷蔵庫で冷やしておく。
● クリームチーズは10等分の角切りにしておく。
● Aを合わせてボウルにふるい入れておく。

平たくした生地の中央にクリームチーズをのせ、チーズがはみ出ないように包み込む。

●作り方
1. ふるったAの入ったボウルにバターを入れ、指先と手のひらでバターを細かくする。
2. ピンクペッパーを全体に散らすように加え、カードで混ぜる。牛乳の¾くらいを全体に回し入れ、カードで切るようにして混ぜる。残り全ての牛乳を加え、同様にして混ぜる。
3. 全体がしっとりしてきたらボウルから出し、手で押さえてひとかたまりにする。カードで生地を半分に切っては重ねる作業を2〜3回繰り返す。
4. カードで生地を10等分して手で丸め、軽く押さえて伸ばす。クリームチーズを包み込み、再度丸める。オーブンシートを敷いた天板にのせる。
5. オーブンを160℃に設定し直し、20分焼く。

ひよこ豆の食感がやさしい、さくっとしたビスケットタイプのスコーン

豆乳＆ひよこ豆のスコーン

◎**材料**（12個分）

A ┌ 薄力粉——100g
　├ 砂糖——10g
　├ あら塩——指2本でひとつまみ
　└ ベーキングパウダー——3g

バター——20g
豆乳——45g
ひよこ豆（缶詰）——50g

◎**準備**
- オーブンを220℃に予熱しておく。
- バターは1cm角に切り、冷蔵庫で冷やしておく。
- Aを合わせてボウルにふるい入れておく。

●**作り方**

1. ふるったAの入ったボウルにバターを入れ、指先と手のひらでバターを細かくする。

2. ひよこ豆を全体に散らすように加え、カードで混ぜる。全体に豆乳の3/4くらいを回し入れ、カードで切るようにして混ぜる。残り全ての豆乳を加え、同様にして混ぜる。

3. 全体がしっとりしてきたらボウルから出し、手で押さえてひとかたまりにする。カードで生地を半分に切っては重ねる作業を2～3回繰り返す。

4. カードで9×12cmくらいの長方形に形をととのえる。カードで6等分したあと、それぞれを斜めに2等分に切り、12個の三角形にする。オーブンシートを敷いた天板にのせる。

5. オーブンを200℃に設定し直し、15～18分焼く。

Milk

デリ風 / Deli

ハムやベーコンを加えたら、食べ応え抜群。
おなかがすいたときの軽食にもぴったり

スコーン生地をパイ皮代わりに使ったら、カルツォーネに変身！

カルツォーネ

■ 生地の成形

丸めた生地を手で押さえたあとめん棒をかけ、均一の厚さに伸ばす。

生地に具をのせるときは、手前の端1cmほどを余らせておく。

生地を半分に折ったら、下の生地を折り返して端から少しずつ口を閉じていく。

◎材料（4個分）

A ┌ 薄力粉──100g
　├ 砂糖──5g
　├ あら塩──指2本でひとつまみ
　└ ベーキングパウダー──3g

バター──20g
牛乳──45g
ハム──2枚
ゴーダチーズ──20g

◎準備

- オーブンを220℃に予熱しておく。
- バターは1cm角に切り、冷蔵庫で冷やしておく。
- ハムとゴーダチーズは1〜2cm角に切り、4等分しておく。
- Aを合わせてボウルにふるい入れておく。

●作り方

1. ふるったAの入ったボウルにバターを入れ、指先と手のひらでバターを細かくする。

2. 牛乳の¾くらいを全体に回し入れ、カードで切るようにして混ぜる。残り全ての牛乳を加え、同様にして混ぜる。

3. 全体がしっとりしてきたらボウルから出し、手で押さえてひとかたまりにする。カードで生地を半分に切っては重ねる作業を2〜3回繰り返す。

4. カードで生地を4等分して丸め、ラップをして冷蔵庫で10分ほど休ませる。

5. 冷蔵庫から生地を取り出して手で押さえたあと、打ち粉をしながらめん棒で6×9cmの楕円形にととのえる。生地を縦向きにおき、手前半分にハムとゴーダチーズをおく。手前の端を1cmほどあけ、向こう側から手前に向かって生地を折りたたむ。下の生地を持ち上げ、上の生地にかぶせるようにして押さえ、口を閉じる。オーブンシートを敷いた天板にのせる。

6. オーブンを200℃に設定し直し、20〜25分焼く。

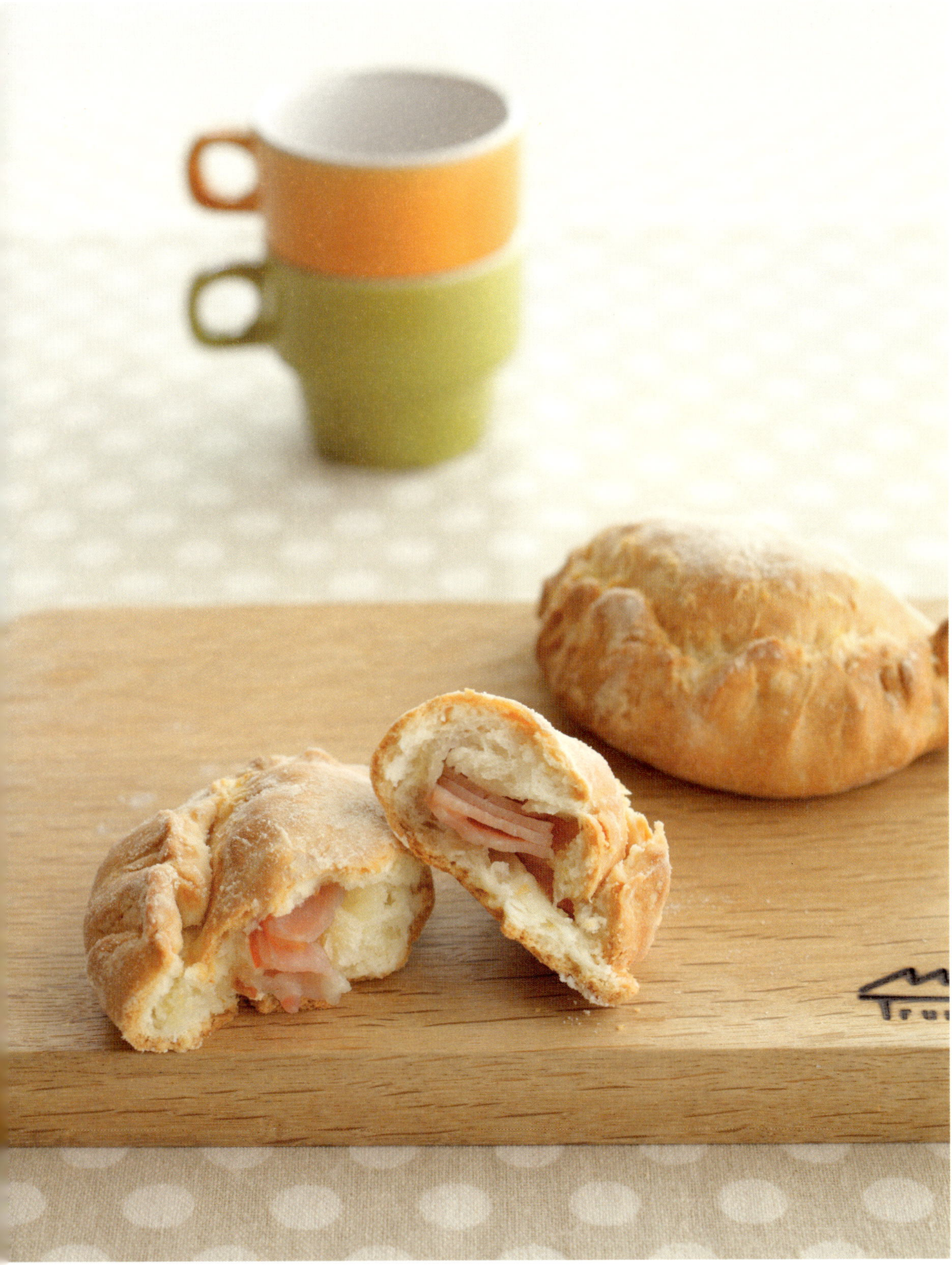

カリカリに焼いたベーコンのうま味がたっぷり。ビールのおともにぜひ！

パセリ＆ベーコンのホットビスケット

◎**材料**（10個分）

A ┌ 薄力粉──100g
　├ 砂糖──5g
　├ あら塩──指2本でひとつまみ
　└ ベーキングパウダー──3g

バター──20g
牛乳──50g
ベーコン──2枚
パセリ──¼カップ（みじん切り・10g）

◎**準備**
- オーブンを180℃に予熱しておく。
- バターは1cm角に切り、冷蔵庫で冷やしておく。

- パセリはみじん切りにする。ベーコンは5mm角に切り、フライパンで炒める。ベーコンがカリカリになったらペーパータオルに取っておく。
- Aを合わせてボウルにふるい入れておく。

●**作り方**

1. ふるったAの入ったボウルにバターを入れ、指先と手のひらでバターを細かくする。

2. パセリとベーコンを全体に散らすように加え、カードで混ぜる。牛乳の¾くらいを全体に回し入れ、カードで切るようにして混ぜる。残り全ての牛乳を加え、同様にして混ぜる。

3. 全体がしっとりしてきたらボウルから出し、手で押さえてひとかたまりにする。カードで生地を半分に切っては重ねる作業を2〜3回繰り返す。

4. カードで生地を10等分して手で丸める。オーブンシートを敷いた天板にのせる。

5. オーブンを160℃に設定し直し、20分焼く。

ソーセージには欠かせない、粒マスタードを生地に練り込んで

ソーセージのパイ風

◎材料（4個分）

A ┬ 薄力粉——100g
　├ 砂糖——5g
　├ あら塩——指2本でひとつまみ
　└ ベーキングパウダー——3g
バター——20g
牛乳——40g
ソーセージ——4本
粒マスタード——10g

◎準備
- オーブンを220℃に予熱しておく。
- バターは1cm角に切り、冷蔵庫で冷やしておく。
- 牛乳40gのうち¾ほどを粒マスタードと合わせておく。
- Aを合わせてボウルにふるい入れておく。

●作り方

1. ふるったAの入ったボウルにバターを入れ、指先と手のひらでバターを細かくする。

2. 全体に粒マスタードを合わせた牛乳を回し入れ、カードで切るようにして混ぜる。残り全ての牛乳を加え、同様にして混ぜる。

3. 全体がしっとりしてきたらボウルから出し、手で押さえてひとかたまりにする。カードで生地を半分に切っては重ねる作業を2〜3回繰り返す。

4. めん棒で16×18cmの長方形に形をととのえ、カードで4等分する。

5. 生地に縦に4本の切れ目を入れてソーセージをのせ、巻き込む。閉じ目を下にしてオーブンシートを敷いた天板にのせる。

6. オーブンを200℃に設定し直し、20〜25分焼く。

※生地がやわらかくなってしまった場合は、生地を長方形に伸ばした状態でラップをし、15分ほど冷凍庫で冷やす。生地に硬さが出てソーセージを巻きやすく、仕上がりもきれいになる。

切れ目を入れるには、食事用のナイフが便利。

手前に向かって巻き込み、とじ目は生地を軽く押さえる程度でよい。

scone
sand

スコーン&ホットビスケットサンド

スコーン&ホットビスケットと一緒にいただいておいしいものは、
ジャムやクリームなどの甘い物だけ？
そんなことはありません。甘さ控え目の生地だから、どんなシーンにも対応可能。
サンドイッチ感覚で色々なものをはさんで、ランチやおつまみ、ティータイムに楽しんで。

みんなが集まるパーティーでは、ワインによく合うオードブルとして

スモークサーモンサンド

基本の生地
（P8）がオススメ！

◎ 材料（作りやすい分量）
スモークサーモン…適量
紫玉ねぎ…適量
ディル…適量
バター（有塩）…適量
塩、粗びき黒こしょう…各少々

● 作り方
1. 紫玉ねぎは薄切りにして水にさらし、水気を切っておく。
2. 半分に切ったスコーンにバターを塗り、紫玉ねぎ、スモークサーモン、ディルをのせて塩と粗びき黒こしょうをふる。

まろやかで優しい味。ヘルシーな卵サンドのような感覚で

豆腐のディップ

◎ 材料（作りやすい分量）
絹ごし豆腐…½丁
ゆで卵…1個
玉ねぎ…¼個分
きゅうりのピクルス（小）…3本
マヨネーズ…大さじ2
粒マスタード…小さじ2
塩…少々
こしょう…少々

● 作り方
1. 絹ごし豆腐はしっかりと水を切る。
2. 玉ねぎはみじん切りにして水にさらし、水気を絞る。
3. きゅうりのピクルスとゆで卵はみじん切りにする。
4. ①・②・③を合わせてマヨネーズと粒マスタードを加えて混ぜる。塩、こしょうで味をととのえる。

**五穀パンケーキ
（P32）がオススメ！**

簡単にできておしゃれだから、急なお客様にもさっとサーブできる

生ハム&ルッコラ

◎ 材料（作りやすい分量）
生ハム…適量
ルッコラ…適量
オリーブオイル…適量
塩…適量

● 作り方
1. ホットビスケットを半分に切り、内側にオリーブオイルを塗る。
2. 生ハムとルッコラをはさみ、軽く塩をふる。

**トマト&バジルのホットビスケット
（P34）がオススメ！**

カレーとレーズンは最高の組み合わせ。セロリの香りがさわやか

カレーチキンサラダ

◎ 材料（作りやすい分量）
鶏ささみ…2本
酒…小さじ1〜2
セロリ…1本
くるみ…20g
マヨネーズ…大さじ3
カレー粉…小さじ1
塩、粗びき黒こしょう…各少々
バター（有塩）…適量

● 作り方
1. 鶏ささみは筋を取り、耐熱容器に入れて、塩、粗びき黒こしょう、酒をふる。ラップをして電子レンジで1分半〜2分加熱する。冷まして手でさく。
2. セロリは斜め薄切りにし、くるみは150℃のオーブンで10分から焼きして砕いておく。
3. ①と②を合わせてマヨネーズ、カレー粉であえ、塩、粗びき黒こしょうで味をととのえる。
4. スコーンを半分に切り、内側にバターを塗る。③をはさむ。

レーズンスコーン（P68）がオススメ！

なめらかなアボカドディップに、シャキシャキしたカイワレがアクセント

カイワレ&アボカドサンド

◎ 材料（作りやすい分量）
カイワレ大根…2パック
アボカド…1個
A ┌ レモン汁…小さじ2
　│ オリーブオイル…大さじ2
　│ 塩…小さじ½弱
　│ はちみつ…小さじ½
　└ 白すりごま…30g
バター……適量

● 作り方
1. カイワレ大根は根を切り落とし、半分の長さに切る。
2. アボカドは半分に切って種を取り、スプーンでくりぬいてAであえる。アボカドをつぶしながら①のカイワレも合わせて混ぜ、なじませる。
3. スコーンを半分に切り、内側にバターを塗って②をはさむ。

カッテージチーズスコーン（P40）がオススメ！

Part 3

楽々！
おやつスコーン＆
ホットビスケット

Standard 定番

甘さ控えめの配合なので、
ジャムやクリームを添えておやつの時間にどうぞ。

紅茶の葉はアッサムやアールグレイなど好みのものを使って

紅茶のスコーン

◎材料
（直径5cmの丸抜き型で4個分+α）

A ┌ 薄力粉──100g
  │ 砂糖──10g
  │ あら塩──指2本でひとつまみ
  └ ベーキングパウダー──3g

バター──20g
牛乳──50g
紅茶の葉
　──4g（ティーバッグ2個分）
牛乳（仕上げ用）──少々

●準備
- オーブンを220℃に予熱しておく。
- バターは1cm角に切り、冷蔵庫で冷やしておく。
- 紅茶の葉はポリ袋などに入れ、上からめん棒を転がして細かくしておく。
- Aを合わせてボウルにふるい入れて、紅茶の葉も入れてざっと混ぜておく。

●作り方
1. ふるったAと紅茶の葉が入ったボウルにバターを入れ、指先と手のひらでバターを細かくする。
2. 牛乳の¾くらいを全体に回し入れ、カードで切るようにして混ぜる。残り全ての牛乳を加え、同様にして混ぜる。
3. 全体がしっとりしてきたらボウルから出し、手で押さえてひとかたまりにする。カードで生地を半分に切っては重ねる作業を2〜3回繰り返す。
4. 厚さ1.5cmくらいにととのえて、抜き型で抜く。2個抜いたら残った生地を重ねて押さえ、さらに2個抜く。残った生地は手で1つにまとめる。
5. オーブンシートを敷いた天板にのせ、ハケで牛乳を塗る。
6. オーブンを200℃に設定し直し、20〜25分焼く。

黒のねりごまとすりごまがたっぷり入った、香ばしいおやつホットビスケット

黒ごまホットビスケット

◎ **材料**（6個分）

A ┬ 薄力粉——100g
　├ 砂糖——10g
　├ あら塩——指2本でひとつまみ
　└ ベーキングパウダー——3g

バター——20g
牛乳——50g
黒すりごま——15g
黒ねりごま——25g

※黒ねりごまのかたさの違いが生地の水分量に多少影響するが、ドロップタイプなので少し柔らかくても大丈夫。

◎ **準備**
- オーブンを220℃に予熱しておく。
- バターは1cm角に切り、冷蔵庫で冷やしておく。
- Aを合わせてボウルにふるい入れておく。

● **作り方**

1. ふるったAの入ったボウルにバターを入れ、指先と手のひらでバターを細かくする。

2. ねりごまを加え、バターと同じように指先で細かくする。すりごまを全体に散らすように加え、大きめのスプーンで切るようにして混ぜる。牛乳の¾くらいを回し入れ、同様にして混ぜる。残り全ての牛乳を加え、同様にして混ぜる。

3. 粉っぽいところがほぼなくなったら、2本のスプーンを使ってオーブンシートを敷いた天板に6個に分けて落とす。

4. オーブンを200℃に設定し直し、20〜25分焼く。

焼く前の生地はトリュフそっくり。ココアと粉砂糖でおめかしして

トリュフ風ココアスコーン

Standard

◎材料（直径3cm×10個分）
A ┌ 薄力粉──100g
　 │ 砂糖──30g
　 │ ベーキングパウダー──3g
　 └ ココアパウダー──15g
バター──20g
牛乳──65g
ココアパウダー（仕上げ用）
　──適量
粉砂糖（仕上げ用）──適量

●準備
● オーブンを220℃に予熱しておく。
● バターは1cm角に切り、冷蔵庫で冷やしておく。
● Aを合わせてボウルにふるい入れておく。

●作り方
1. ふるったAの入ったボウルにバターを入れ、指先と手のひらでバターを細かくする。
2. 牛乳の¾くらいを全体に回し入れ、カードで切るようにして混ぜる。残り全ての牛乳を加え、同様にして混ぜる。
3. 全体がしっとりしてきたらカードで10等分し、手で丸める。5個はココアパウダーをまぶし、残りには粉砂糖をまぶしてオーブンシートを敷いた天板にのせる。
4. オーブンを200℃に設定し直し、15分焼く。

ココアは粉類と合わせて一緒にふるっておく。

べたつく場合は、打ち粉をして生地を10等分する。

ココアと粉砂糖を用意し、容器の中で転がすようにしてまんべんなくまぶす。

57
Part 3

はちみつとスパイスを使ったフランスのお菓子、パンデピスをスコーンにアレンジ

スコーンデピス

◎材料
（直径5cmの丸抜き型で3個分+α）

A ┌ 薄力粉──100g
　├ ベーキングパウダー──3g
　├ シナモン（パウダー）
　│　　──小さじ1
　├ ジンジャー（パウダー）
　│　　──小さじ½
　├ クローブ、ナツメグ
　│　（あれば・パウダー）
　│　　──各少々
　└ あら塩──指2本でひとつまみ

はちみつ──25g
バター──20g
牛乳──35g
はちみつ（仕上げ用）──適量

●準備
● オーブンを220℃に予熱しておく。
● バターは1cm角に切り、冷蔵庫で冷やしておく。
● 牛乳35gのうち¾ほどをはちみつと合わせておく。
● Aを合わせてボウルにふるい入れておく。

●作り方
1. ふるったAの入ったボウルにバターを入れ、指先と手のひらでバターを細かくする。
2. 全体にはちみつを合わせた牛乳を回し入れ、カードで切るようにして混ぜる。残り全ての牛乳を加え、同様にして混ぜる。
3. 全体がしっとりしてきたらボウルから出し、手で押さえてひとかたまりにする。カードで生地を半分に切っては重ねる作業を2～3回繰り返す。
4. 厚さ2cmくらいにととのえて、抜き型で抜く。2個抜いたら残った生地を重ねて押さえ、さらに1個抜く。残った生地は手で1つにまとめる。
5. オーブンシートを敷いた天板にのせ、スプーンなどで表面にはちみつを塗る。
6. オーブンを200℃に設定し直し、20～25分焼く。

※途中、焦げそうなら手早くアルミホイルをかぶせる。

スパイスと粉類は一緒にボウルにふるい入れる。

型抜きタイプのスコーンの場合

生地が残ったら… 
型で抜いて残った部分は、軽く押さえる程度に手でまとめる。

型がないときは… 
コップを逆さにすると、型の代用にできる。

Standard

Fruit フルーツ

刻んだり、すりおろしたりして、フレッシュな旬のおいしさを楽しんで。
もちろんドライフルーツでも！

南国のフルーツとココナッツを合わせて、トロピカルな味わいに

パイナップル&ココナッツのホットビスケット

まず2等分し、それからマッチ棒くらいの太さのせん切りにする。

ココナッツロングのから焼きは、少し色づく程度に。焦げやすいので注意して。

◎材料（6個分）

A
- 薄力粉——100g
- 砂糖——10g
- あら塩——指2本でひとつまみ
- ベーキングパウダー——3g

バター——20g
牛乳——40g
パイナップル——100g
ココナッツロング——30g
ココナッツロング（仕上げ用）
　——適量
グラニュー糖（仕上げ用）
　——適量

◎準備

- 生地に加えるココナッツロングは140℃のオーブンで4〜5分から焼きしておく。
- オーブンを220℃に予熱しておく。
- バターは1cm角に切り、冷蔵庫で冷やしておく。
- パイナップルは5mm幅くらいのせん切りにする。
- Aを合わせてボウルにふるい入れておく。

●作り方

1. ふるったAの入ったボウルにバターを入れ、指先と手のひらでバターを細かくする。
2. パイナップルとココナッツロングを全体に散らすように加え、大きめのスプーンで切るようにして混ぜる。牛乳の¾くらいを回し入れ、同様にして混ぜる。残り全ての牛乳を加え、同様にして混ぜる。
3. 粉っぽいところがほぼなくなったら、2本のスプーンを使ってオーブンシートを敷いた天板に6個に分けて落とす。落とした生地の上にココナッツロングをまぶし、グラニュー糖をふる。
4. オーブンを200℃に設定し直し、25〜30分焼く。

※途中、焦げそうなら手早くアルミホイルをかぶせる。

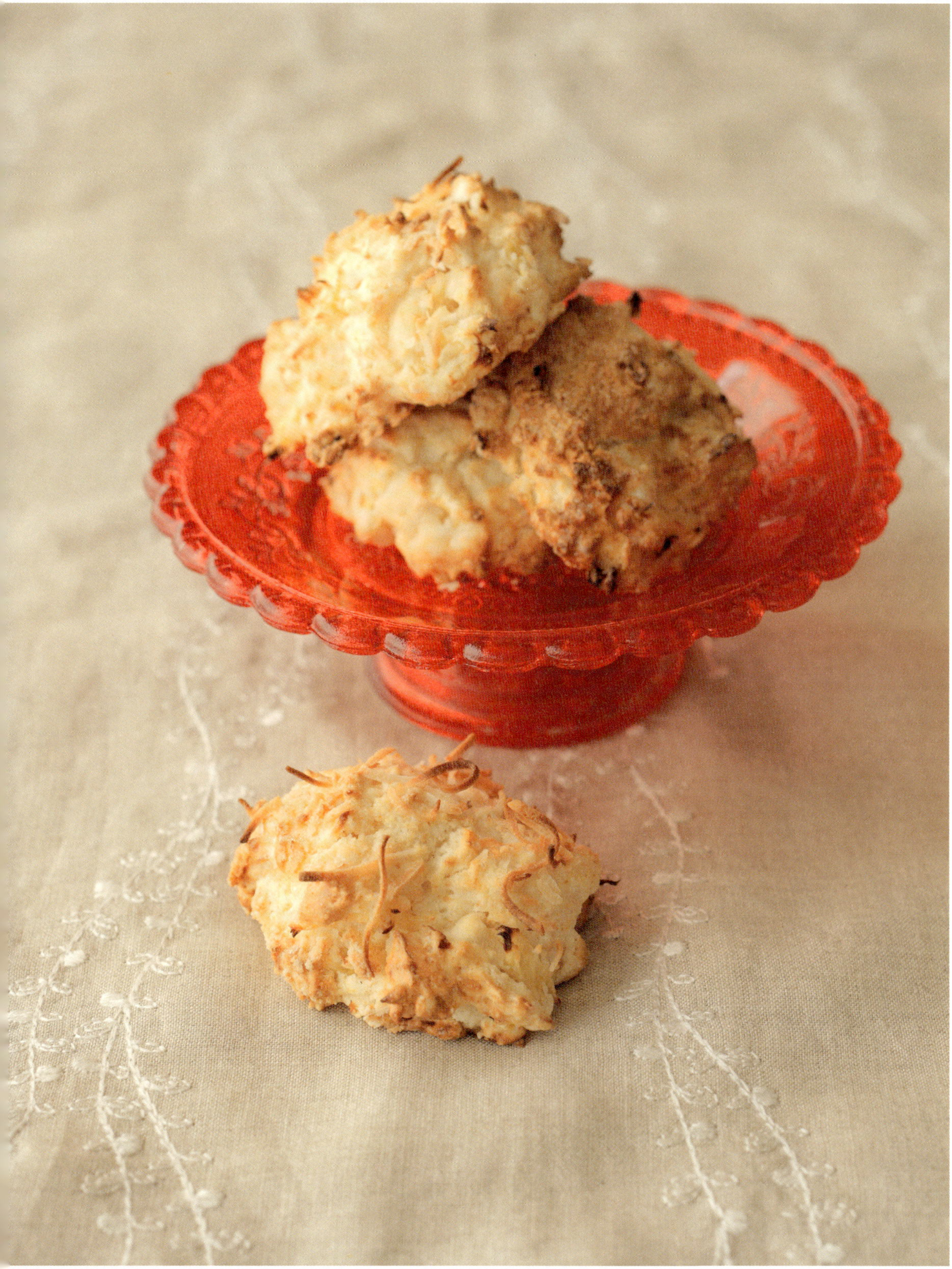

ラズベリーの甘い香りで、焼いている間も幸せ気分
ラズベリーのホットビスケット

◎材料（6個分）
A ┌ 薄力粉——100g
　│ 砂糖——10g
　└ ベーキングパウダー——3g
バター——20g
牛乳——55g
ラズベリー（冷凍）——60g

◎準備
● オーブンを220℃に予熱しておく。
● バターは1cm角に切り、冷蔵庫で冷やしておく。
● Aを合わせてボウルにふるい入れておく。

● 作り方
1. ふるったAの入ったボウルにバターを入れ、指先と手のひらでバターを細かくする。
2. 凍ったままのラズベリーを全体に散らすように加える。牛乳の¾くらいを回し入れ、大きめのスプーンで切るようにして混ぜる。残り全ての牛乳を加え、同様にして混ぜる。
3. 粉っぽいところがほぼなくなったら、2本のスプーンを使ってオーブンシートを敷いた天板に6個に分けて落とす。
4. オーブンを200℃に設定し直し、25〜30分焼く。

Fruit

レモン味のアイシングでお化粧をすると、よそゆき顔に

レモンのスコーン

◎材料
（直径5cmの丸抜き型で4個分+α）

A ┌ 薄力粉──100g
　├ 砂糖──10g
　├ あら塩──指2本でひとつまみ
　└ ベーキングパウダー──3g

バター──20g
牛乳──50g
レモンの皮──½個分
レモンの皮（仕上げ用）──少々

● アイシング
　┌ 粉砂糖──20g
　└ レモン汁──小さじ1

◎準備
● オーブンを220℃に予熱しておく。
● バターは1cm角に切り、冷蔵庫で冷やしておく。
● レモンは皮をすりおろしておく。
● Aを合わせてボウルにふるい入れておく。

●作り方
1. ふるったAの入ったボウルにバターを入れ、指先と手のひらでバターを細かくする。
2. レモンの皮を加えて牛乳の¾くらいを全体に回し入れ、カードで切るようにして混ぜる。残り全ての牛乳を加え、同様にして混ぜる。
3. 全体がしっとりしてきたらボウルから出し、手で押さえてひとかたまりにする。カードで生地を半分に切っては重ねる作業を2～3回繰り返す。
4. 厚さ1.5cmくらいにととのえ、抜き型で抜く。2個抜いたら残った生地を重ねて押さえ、さらに2個抜く。残った生地は手で1つにまとめる。
5. オーブンシートを敷いた天板にのせる。オーブンを200℃に設定し直し、20～25分焼く。
6. 焼いている間に粉砂糖にレモン汁を少しずつ加え混ぜ、アイシングを作る。焼きあがったスコーンにアイシングをかけ、レモンの皮をのせる。

皮付きのフレッシュなりんごがたっぷり

りんごのホットビスケット

◎材料（6個分）

A ┌ 薄力粉——100g
　├ 砂糖——10g
　├ あら塩——指2本でひとつまみ
　└ ベーキングパウダー——3g

バター——20g
牛乳——40g
りんご——100g
※サンふじかジョナゴールドがおすすめ。

スライスアーモンド（仕上げ用）
　——適量
グラニュー糖（仕上げ用）
　——適量

●準備
- オーブンを220℃に予熱しておく。
- バターは1cm角に切り、冷蔵庫で冷やしておく。
- りんごは皮付きのまま幅5mmくらいのせん切りにする。
- Aを合わせてボウルにふるい入れておく。

●作り方

1. ふるったAの入ったボウルにバターを入れ、指先と手のひらでバターを細かくする。

2. りんごを全体に散らすように加え、大きめのスプーンで混ぜる。牛乳の¾くらいを全体に回し入れ、スプーンで切るようにして混ぜる。残り全ての牛乳を加え、同様にして混ぜる。

3. 粉っぽいところがほぼなくなったら、2本のスプーンを使ってオーブンシートを敷いた天板に6個に分けて落とす。表面にスライスアーモンドをまぶし、グラニュー糖をふる。

4. オーブンを200℃に設定し直し、25〜30分焼く。

※途中、焦げそうなら手早くアルミホイルをかぶせる。

まず厚さ5mmほどの薄切りにしてから、幅5mmのせん切りにする。

アーモンドはたっぷりまぶすとおいしい。取れやすいので、少し押さえながらしっかりまぶしつけて。

Part 3

アーモンドプードルが入ると焼き菓子風になり、味もランクアップ

プルーンとアーモンドの
ホットビスケット

Fruit

◎材料（6個分）

A ┌ 薄力粉——100g
　├ 砂糖——10g
　├ あら塩——指2本でひとつまみ
　└ ベーキングパウダー——3g

バター——20g
牛乳——50g
プルーン——50g
アーモンドプードル——30g
アーモンド（仕上げ用）
　——10粒程度
グラニュー糖（仕上げ用）——適量

◎準備
● オーブンを220℃に予熱しておく。
● バターは1cm角に切り、冷蔵庫で冷やしておく。
● プルーンは一度ゆでこぼして水気をきり、手でちぎっておく。
● 仕上げ用のアーモンドは縦2つに切っておく。
● Aを合わせてボウルにふるい入れておく。

●作り方

1. ふるったAの入ったボウルにバターを入れ、指先と手のひらでバターを細かくする。

2. アーモンドプードルを加え、大きめのスプーンでざっと混ぜる。プルーンを全体に散らすように加え、切るようにして混ぜる。牛乳の¾くらいを回し入れ、同様にして混ぜる。残り全ての牛乳を加え、同様にして混ぜる。

3. 粉っぽいところがほぼなくなったら、2本のスプーンを使ってオーブンシートを敷いた天板に6個に分けて落とす。表面にアーモンドを刺し、グラニュー糖をふる。

4. オーブンを200℃に設定し直し、25〜30分焼く。

※途中、焦げそうなら手早くアルミホイルをかぶせる。

プルーンは2cmほどに手でちぎる。あまり大きすぎないよう注意。

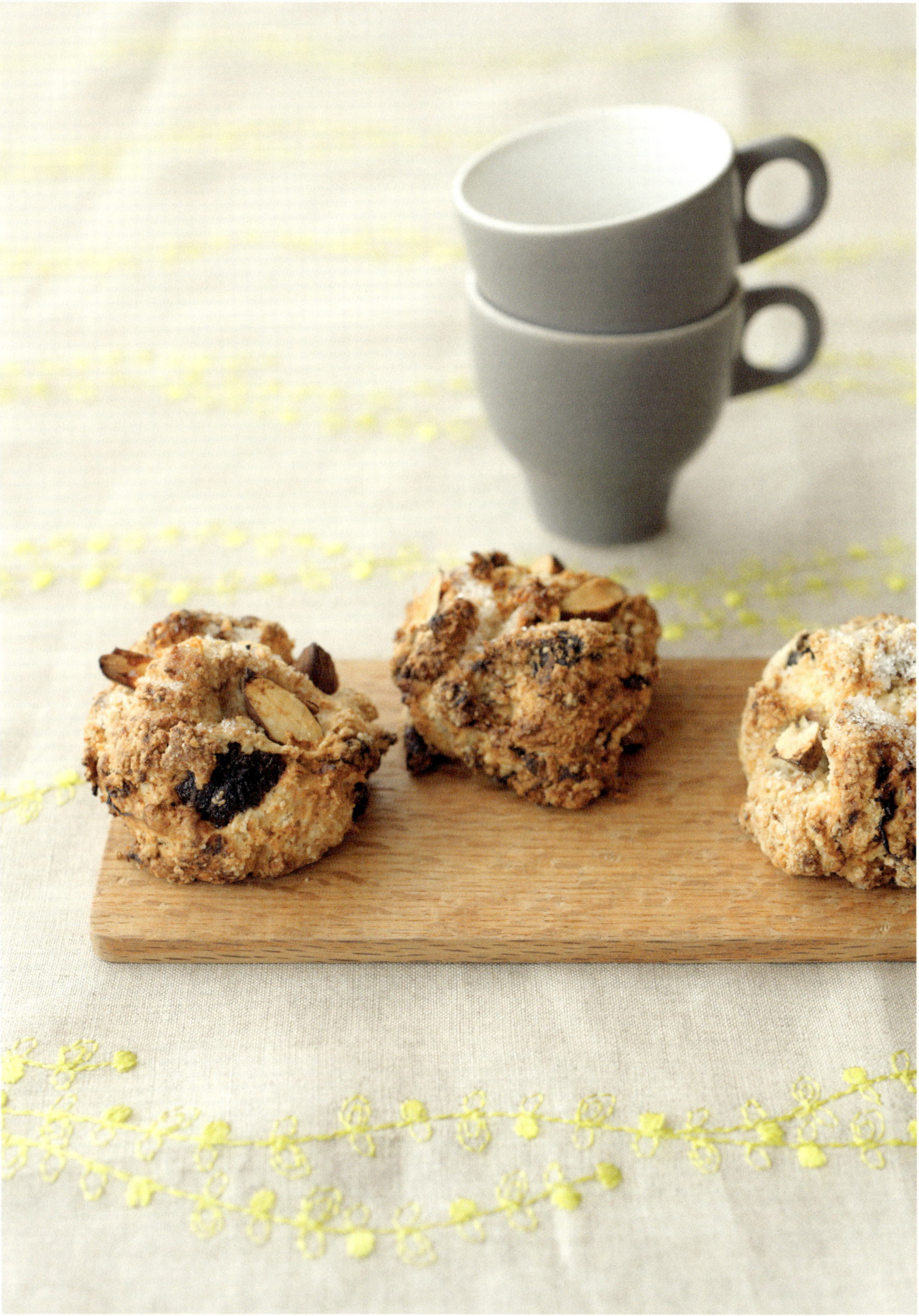

イギリスで〈フルーツスコーン〉といえばレーズン入りのスコーンのこと

レーズンのスコーン

◎材料
（直径5cmの丸抜き型で4個分+α）

A ┌ 薄力粉——100g
　├ 砂糖——5g
　├ あら塩——指2本でひとつまみ
　└ ベーキングパウダー——3g

バター——20g
牛乳——50g
レーズン——25g
牛乳（仕上げ用）——適量

◎準備
● オーブンを220℃に予熱しておく。
● バターは1cm角に切り、冷蔵庫で冷やしておく。
● レーズンはゆでこぼして水気を切っておく。
● Aを合わせてボウルにふるい入れておく。

● 作り方
1. ふるったAの入ったボウルにバターを入れ、指先と手のひらでバターを細かくする。
2. レーズンを全体に散らすように加え、カードで混ぜる。牛乳の¾くらいを全体に回し入れ、切るようにして混ぜる。残り全ての牛乳を加え、同様にして混ぜる。
3. 全体がしっとりしてきたらボウルから出し、手で押さえてひとかたまりにする。カードで生地を半分に切っては重ねる作業を2〜3回繰り返す。
4. 厚さ1.5cmくらいにととのえて、抜き型で抜く。2個抜いたら残った生地を重ねて押さえ、さらに2個抜く。残った生地は手で1つにまとめる。
5. オーブンシートを敷いた天板にのせ、ハケなどで牛乳を塗る。
6. オーブンを200℃に設定し直し、20〜25分焼く。

Fruit

ぷちぷちと食感のいいポピーシードの風味と柑橘類がよく合う

ポピーシードとオレンジのスコーン

◎材料
（直径5cmの菊抜き型で4個分+α）

A ┌ 薄力粉──100g
　├ 砂糖──10g
　├ あら塩──指2本でひとつまみ
　└ ベーキングパウダー──3g

バター──20g
牛乳──50g
ポピーシード──10g
オレンジピール──30g

◎準備
● オーブンを220℃に予熱しておく。
● バターは1cm角に切り、冷蔵庫で冷やしておく。
● オレンジピールは、大きいものはせん切りにする。
● Aを合わせてボウルにふるい入れておく。

●作り方
1. ふるったAの入ったボウルにバターを入れ、指先と手のひらでバターを細かくする。
2. ポピーシードとオレンジピールを全体に散らすように加え、カードで混ぜる。牛乳の¾くらいを全体に回し入れ、切るようにして混ぜる。残り全ての牛乳を加え、同様にして混ぜる。
3. 全体がしっとりしてきたらボウルから出し、手で押さえてひとかたまりにする。カードで生地を半分に切っては重ねる作業を2～3回繰り返す。
4. 厚さ1.5cmくらいにととのえて、抜き型で抜く。2個抜いたら残った生地を重ねて押さえ、さらに2個抜く。残った生地は手で1つにまとめる。
5. オーブンシートを敷いた天板にのせる。
6. オーブンを200℃に設定し直し、20～25分焼く。

バナナの自然な甘みに、黒こしょうがピリッとアクセント

バナナ&黒こしょうのホットビスケット

◎材料（4個分）

A ┌ 薄力粉——100g
　├ 砂糖——10g
　├ あら塩——指2本でひとつまみ
　└ ベーキングパウダー——3g

バター——20g
牛乳——20g
バナナ——60g
バナナ（仕上げ用）——½本
粗びき黒こしょう——少々

◎準備
- オーブンを220℃に予熱しておく。
- バターは1cm角に切り、冷蔵庫で冷やしておく。
- バナナはフォークなどでつぶしておく。仕上げ用のバナナは厚さ1.5cmの輪切りにしておく。
- Aを合わせてボウルにふるい入れておく。

●作り方

1. ふるったAの入ったボウルにバターを入れ、指先と手のひらでバターを細かくする。

2. バナナを全体に散らすように加え、カードで混ぜる。牛乳を2回に分けて回し入れ、そのつどカードで切るようにして混ぜる。

3. 全体がしっとりしてきたらボウルから出し、手で押さえてひとかたまりにする。カードで生地を半分に切っては重ねる作業を2～3回繰り返す。

4. カードで生地を4等分し、それぞれを直径5cmくらいの円形にととのえる。オーブンシートを敷いた天板にのせ、バナナを埋め込む。表面に粗びき黒こしょうをふる。

5. オーブンを200℃に設定し直し、25～30分焼く。

Fruit

さわやかな酸味のクランベリーに、まろやかなホワイトチョコが相性ぴったり

クランベリーとホワイトチョコのホットビスケット

◎材料（4個分）

A ┌ 薄力粉——100g
　├ 砂糖——10g
　└ ベーキングパウダー——3g
バター——20g
牛乳——50g
ドライクランベリー——25g
ホワイトチョコ（板チョコ）——25g
グラニュー糖（仕上げ用）——適量

◎準備
- オーブンを220℃に予熱しておく。
- バターは1cm角に切り、冷蔵庫で冷やしておく。
- ホワイトチョコは1cm角くらいに割り、4等分しておく。
- Aを合わせてボウルにふるい入れておく。

●作り方

1. ふるったAの入ったボウルにバターを入れ、指先と手のひらでバターを細かくする。

2. ドライクランベリーを全体に散らすように加え、カードで混ぜる。牛乳の¾くらいを全体に回し入れ、切るようにして混ぜる。残り全ての牛乳を加え、同様にして混ぜる。

3. 全体がしっとりしてきたらボウルから出し、手で押さえてひとかたまりにする。カードで生地を半分に切っては重ねる作業を2～3回繰り返す。

4. 生地を4等分し、それぞれ6×8cmくらいにととのえる。ホワイトチョコをおき、半分に折って閉じる。オーブンシートを敷いた天板にのせる。表面にグラニュー糖をふる。

5. オーブンを200℃に設定し直し、25～30分焼く。

チョコがはみ出ないように注意しながら包む。

Japanese 和風

スコーンと和の素材は意外にも好相性。
緑茶やほうじ茶と一緒に召し上がれ。

甘酒風のスコーンは、絞って加えたしょうががポイント

酒粕入りスコーン

粉類をまぶしながら、指先をすりあわせるようにして酒粕を小さくしていく。

しょうが汁は先に牛乳と合わせておくと、粉類となじみやすい。

◎材料（10個分）

A ┌ 薄力粉——100g
  │ 砂糖——10g
  │ あら塩——指2本でひとつまみ
  └ ベーキングパウダー——3g

バター——20g
牛乳——35g
板粕*——25g
しょうが汁——小さじ½

＊板状にした酒粕のこと。ペースト状の酒粕を使う場合は、牛乳の量を少し減らして。

◎準備
- オーブンを220℃に予熱しておく。
- バターは1cm角に切り、冷蔵庫で冷やしておく。
- 板粕は手で細かくちぎっておく。
- しょうが汁を牛乳に加えておく。
- Aを合わせてボウルにふるい入れておく。

●作り方

1. ふるったAの入ったボウルにバターを入れ、指先と手のひらでバターを細かくする。

2. ちぎった板粕を加えてバターの時と同じように指先で細かくする。しょうが汁を合わせた牛乳の¾くらいを全体に回し入れ、カードで切るようにして混ぜる。残り全ての牛乳を加え、同様にして混ぜる。

3. 全体がしっとりしてきたらボウルから出し、手で押さえてひとかたまりにする。カードで生地を半分に切っては重ねる作業を2〜3回繰り返す。

4. カードで生地を10等分し、手で丸める。オーブンシートを敷いた天板にのせる。

5. オーブンを200℃に設定し直し、15分焼く。

Part3

日本茶はもちろん、紅茶にもよく合うおやつ時のスコーン

甘納豆のスコーン

◎材料（6個分）

A ┌ 薄力粉——100g
　│ 砂糖——10g
　│ あら塩——指2本でひとつまみ
　└ ベーキングパウダー——3g

バター——20g
牛乳——45g
甘納豆（好みのもの）——60g
グラニュー糖（仕上げ用）——適量

◎準備
● オーブンを220℃に予熱しておく。
● バターは1cm角に切り、冷蔵庫で冷やしておく。
● Aを合わせてボウルにふるい入れておく。

●作り方
1. ふるったAの入ったボウルにバターを入れ、指先と手のひらでバターを細かくする。
2. 甘納豆を全体に散らすように加え、カードで混ぜる。牛乳の¾くらいを全体に回し入れ、切るようにして混ぜる。残り全ての牛乳を加え、同様にして混ぜる。
3. 全体がしっとりしてきたらボウルから出し、手で押さえてひとかたまりにする。カードで生地を半分に切っては重ねる作業を2〜3回繰り返す。
4. カードで生地を8×10cmくらいにととのえ、6等分する。オーブンシートを敷いた天板にのせる。表面にグラニュー糖をふる。
5. オーブンを200℃に設定し直し、20〜25分焼く。

1粒ずつ甘栗をのせて、一口サイズのビスケットのようなスコーンに

甘栗スコーン

◎材料（10個分）

A ┌ 薄力粉——100g
　├ 砂糖——10g
　├ あら塩——指2本でひとつまみ
　└ ベーキングパウダー——3g

バター——20g
牛乳——50g
甘栗（ドライパック）——10粒
グラニュー糖（仕上げ用）——適量

◎準備
- オーブンを220℃に予熱しておく。
- バターは1cm角に切り、冷蔵庫で冷やしておく。
- Aを合わせてボウルにふるい入れておく。

◎作り方
1. ふるったAの入ったボウルにバターを入れ、指先と手のひらでバターを細かくする。
2. 牛乳の¾くらいを全体に回し入れ、カードで切るようにして混ぜる。残り全ての牛乳を加え、同様にして混ぜる。
3. 全体がしっとりしてきたらボウルから出し、手で押さえてひとかたまりにする。カードで生地を半分に切っては重ねる作業を2～3回繰り返す。
4. カードで生地を10等分し、手で丸める。少し押しつぶし、オーブンシートを敷いた天板にのせて甘栗を埋め込む。表面にグラニュー糖をふる。
5. オーブンを200℃に設定し直し、15分焼く。

昔ながらの揚げパンのよう。熱いうちにきな粉をまぶして

きな粉の揚げスコーン

Japanese

◎材料（8個分）

A ┬ 薄力粉──100g
　├ 砂糖──10g
　├ あら塩──指2本でひとつまみ
　├ ベーキングパウダー──3g
　└ きな粉──10g

バター──20g
牛乳──60g
揚げ油──適量

B ┬ きな粉（仕上げ用）──15g
　├ きび砂糖（仕上げ用）──15g
　│ ※なければ上白糖でもOK。
　└ あら塩（仕上げ用）
　　　──指2本でひとつまみ

◎準備
- バターは1cm角に切り、冷蔵庫で冷やしておく。
- Aを合わせてボウルにふるい入れておく。
- Bの材料を合わせておく。

●作り方

1. ふるったAの入ったボウルにバターを入れ、指先と手のひらでバターを細かくする。
2. 牛乳の¾くらいを全体に回し入れ、カードで切るようにして混ぜる。残り全ての牛乳を加え、同様にして混ぜる。
3. 全体がしっとりしてきたらボウルから出し、手で押さえてひとかたまりにする。カードで生地を半分に切っては重ねる作業を2〜3回繰り返す。
4. カードで生地を8×12cmくらいにととのえ、8等分する。
5. 揚げ油を170度くらいに熱して生地を入れ、5分くらいできつね色になるまで揚げる。
6. 熱いうちにBをまぶしつける。

きつね色になるまで、ときどき返しながら揚げる。

アツアツの状態でまぶすと、きな粉のなじみがよい。

揚げる前の生地を冷凍しておくと、思い立ったときにすぐ揚げたてを食べられる。揚げる前に自然解凍して。

77
Part 3

あんこを生地に混ぜ込んで、ほんのりとした和の甘みをプラス
あんこ入り生地のスコーン

Japanese

◎材料（6個分）
A ┌ 薄力粉——100g
　│ 砂糖——10g
　│ あら塩——指2本でひとつまみ
　└ ベーキングパウダー——3g
バター——20g
牛乳——50g
粒あん——50g

◎準備
● オーブンを220℃に予熱しておく。
● バターは1cm角に切り、冷蔵庫で冷やしておく。
● Aを合わせてボウルにふるい入れておく。

●作り方
1. ふるったAの入ったボウルにバターを入れ、指先と手のひらでバターを細かくする。
2. 粒あんを加えてバターの時と同じように指先で細かくする。牛乳の¾くらいを全体に回し入れ、大きめのスプーンで切るようにして混ぜる。残り全ての牛乳を加え、同様にして混ぜる。
3. 粉っぽいところがほぼなくなったら、2本のスプーンを使ってオーブンシートを敷いた天板に6個に分けて落とす。
4. オーブンを200℃に設定し直し、20〜25分焼く。

甘じょっぱくて懐かしい味のスコーンは、みんなが大好き
黒糖みそスコーン

◎材料（8個分）
A ┌ 薄力粉──100g
　├ 黒糖──30g
　└ ベーキングパウダー──3g
バター──20g
牛乳──50g
みそ──10g

●準備
- オーブンを220℃に予熱しておく。
- バターは1cm角に切り、冷蔵庫で冷やしておく。
- Aを合わせてボウルにふるい入れておく。

●作り方
1. ふるったAの入ったボウルにバターを入れ、指先と手のひらでバターを細かくする。
2. みそを加えてバターの時と同じように指先で細かくする。牛乳の¾くらいを全体に回し入れ、大きめのスプーンで切るようにして混ぜる。残り全ての牛乳を加え、同様にして混ぜる。
3. 粉っぽいところがほぼなくなったら、2本のスプーンを使ってオーブンシートを敷いた天板に8個に分けて落とす。
4. オーブンを200℃に設定し直し、20分焼く。
※途中、焦げそうなら手早くアルミホイルをかける。

成形バリエーション

スコーン生地は、クッキーとパイの中間のようなイメージ。
ほどよいかたさで、いろんな形に成形できる!

Various shapes

小さいクロワッサンは、いくつも作りたくなるかわいらしさ

ミニクロワッサン風

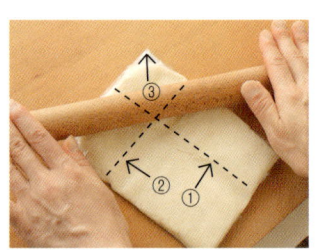

①横方向に点線まで拡げ②縦方向に点線まで拡げ③最後に隅に集まった生地を斜め方向へ伸ばすと、型紙通りのきれいな四角形に伸ばすことができる。

メープルシロップを塗ったら、軽い力でくるくる巻いていく。

◎材料
(5cm大×5個+4cm大×2個分)

A ┬ 薄力粉——100g
  ├ 砂糖——10g
  ├ あら塩——指2本でひとつまみ
  └ ベーキングパウダー——3g

バター——20g
牛乳——45g
メープルシロップ——適量
粉砂糖(仕上げ用)——適量

◎準備
● オーブンを220℃に予熱しておく。
● バターは1cm角に切り、冷蔵庫で冷やしておく。
● 厚紙を12×16cmに切って型紙を用意し、ラップでくるんでおく。
● Aを合わせてボウルにふるい入れておく。

●作り方
1. ふるったAの入ったボウルにバターを入れ、指先と手のひらでバターを細かくする。

2. 牛乳の¾くらいを全体に回し入れ、カードで切るようにして混ぜる。残り全ての牛乳を加え、同様にして混ぜる。

3. 全体がしっとりしてきたらボウルから出し、手で押さえてひとかたまりにする。カードで生地を半分に切っては重ねる作業を2〜3回繰り返す。

4. ③の生地をラップでくるんだ型紙にのせ、さらに型紙ごとラップでくるむ(図1参照)。めん棒を使って生地を型紙に合わせて12×16cmの長方形にする。三角形にカットし(図2を参照)、メープルシロップを少量塗る。底辺からくるくると巻いてクロワッサン形にする。オーブンシートを敷いた天板にのせ、茶こしで粉砂糖をふる。

※生地がベタついて扱いにくい場合は適宜打ち粉をして。三角にカットするときは型紙に合わせて伸ばした状態でラップをし、15分ほど冷凍庫で冷やすと、生地が扱いやすく、仕上がりもきれいに。

5. オーブンを200℃に設定し直し、20〜25分焼く。
※小さいクロワッサン2つは先に取り出す。

図1 断面図

下からラップでくるんだ型紙、生地、ラップの順に置き、ラップで型紙ごと生地をくるむ。成形しやすく、生地もやわらかくなりにくい。

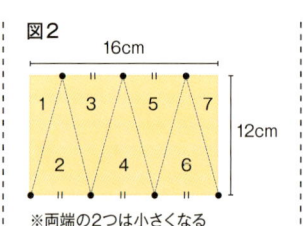

図2 16cm × 12cm
※両端の2つは小さくなる

上に3つ、下に4つ等間隔に印を入れて、印同士を結んで切る。5つの二等辺三角形と、2つの小さな三角形に切り分けられる。

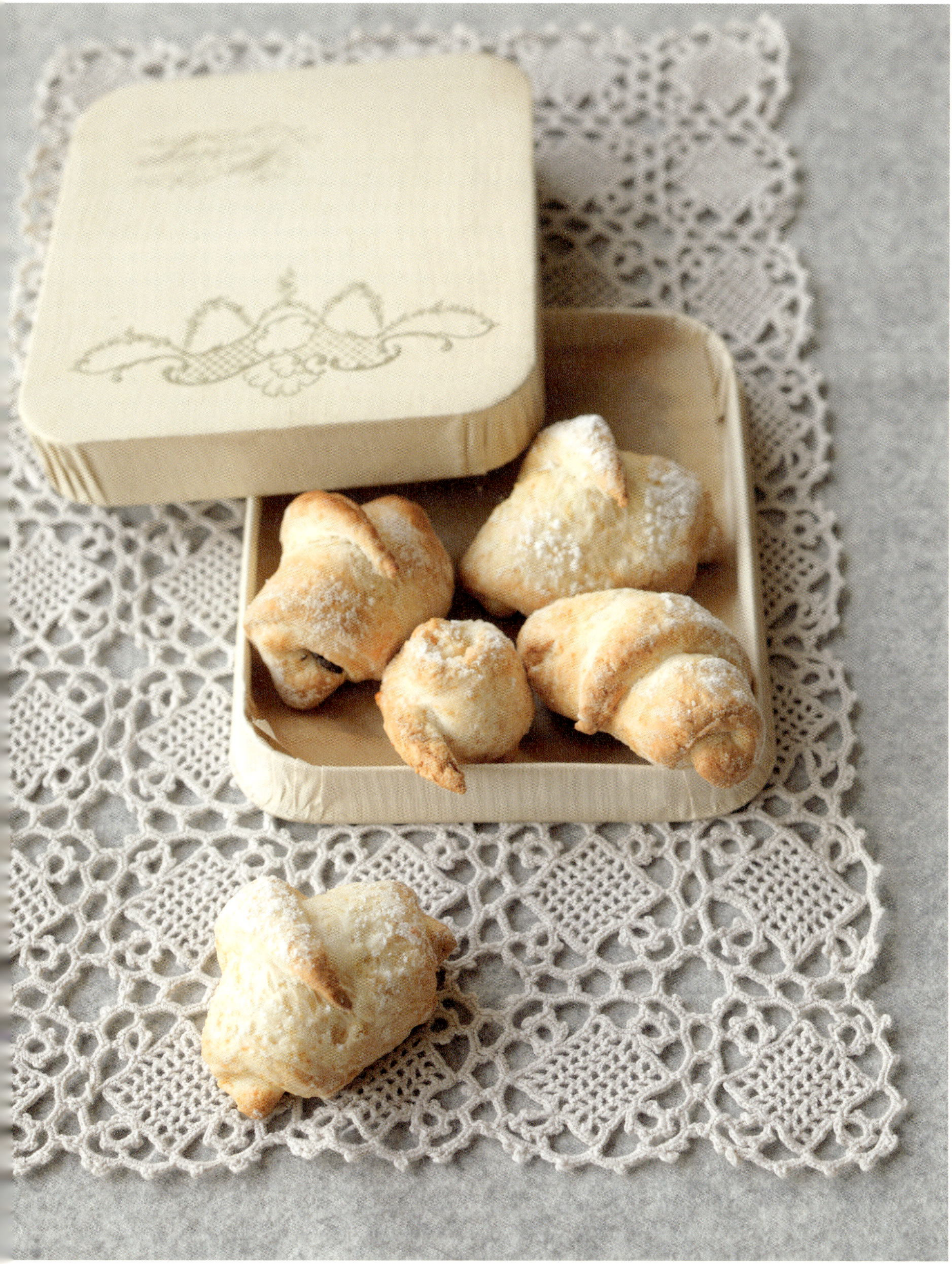

抹茶の生地であんこを包んで、純和風のスコーンの出来上がり
抹茶のあんパン風スコーン

◎材料（4個分）

A ┏ 薄力粉──100g
　┃ 砂糖──15g
　┃ ベーキングパウダー──3g
　┗ 抹茶──大さじ1

バター──20g
牛乳──55g
粒あん──60g
粉砂糖（仕上げ用）──適量

◎準備
- オーブンを220℃に予熱しておく。
- バターは1cm角に切り、冷蔵庫で冷やしておく。
- 粒あんは4等分して丸めておく。
- Aを合わせてボウルにふるい入れておく。

●作り方
1. ふるったAの入ったボウルにバターを入れ、指先と手のひらでバターを細かくする。
2. 牛乳の¾くらいを全体に回し入れ、カードで切るようにして混ぜる。残り全ての牛乳を加え、同様にして混ぜる。
3. 全体がしっとりしてきたらボウルから出し、手で押さえてひとかたまりにする。カードで生地を半分に切っては重ねる作業を2～3回繰り返す。
4. カードで生地を4等分する。生地を手で平たくして中央に粒あんをのせて包み、閉じ口を茶巾風に少しねじる。オーブンシートを敷いた天板にのせ、茶こしで粉砂糖をふる。
5. オーブンを200℃に設定し直し、25～30分焼く。

Various shapes

ホイップクリームなど濃厚なものと合わせて、ケーキ感覚で
ショートケーキ風スコーン

◎**材料**（4個分）

A ┌ 薄力粉──100g
  │ 砂糖──10g
  │ あら塩──指2本でひとつまみ
  └ ベーキングパウダー──3g

バター──20g
生クリーム──60g

● トッピング
┌ 生クリーム（8分立て）──適量
│ バナナ──適量
│ スライスアーモンド──適量
│ キャラメルクリーム（p88参照）
└   ──適量

◎**準備**
- オーブンを220℃に予熱しておく。
- バターは1cm角に切り、冷蔵庫で冷やしておく。
- Aを合わせてボウルにふるい入れておく。

●**作り方**

1. ふるったAの入ったボウルにバターを入れ、指先と手のひらでバターを細かくする。
2. 生クリームの¾くらいを全体に回し入れ、カードで切るようにして混ぜる。残り全ての生クリームを加え、同様にして混ぜる。
3. 全体がしっとりしてきたらボウルから出し、手で押さえてひとかたまりにする。カードで生地を半分に切っては重ねる作業を2〜3回繰り返す。
4. 手で押さえて9×9cmくらいの正方形にととのえる。カードで生地を4等分し、オーブンシートを敷いた天板にのせる。
5. オーブンを200℃に設定し直し、20〜25分焼く。
6. 横半分に切り、トッピングの材料を添えていただく。

焼きたてのポットパイにアイスを添えて、溶けかかったところがおいしそう！

コブラー風ポットパイ

◎材料（直径6.5cmの器で8個分）

A ┌ 薄力粉――100g
　├ 砂糖――10g
　├ あら塩――指2本でひとつまみ
　└ ベーキングパウダー――3g

バター――20g
牛乳――45g
好みのフルーツ※――適量
※フルーツは何でもよいが、ここではオレンジ・キウイ・ラズベリーを使用。

グラニュー糖――適量
グラニュー糖（仕上げ用）――適量
好みのアイスクリーム――適量

●準備
- オーブンを220℃に予熱しておく。
- バターは1cm角に切り、冷蔵庫で冷やしておく。
- フルーツを2cm角に切っておく。
- Aを合わせてボウルにふるい入れておく。

●作り方

1. ふるったAの入ったボウルにバターを入れ、指先と手のひらでバターを細かくする。

2. 牛乳の¾くらいを全体に回し入れ、カードで切るようにして混ぜる。残り全ての牛乳を加え、同様にして混ぜる。

3. 全体がしっとりしてきたらボウルから出し、手で押さえてひとかたまりにする。カードで生地を半分に切っては重ねる作業を2～3回繰り返す。

4. めん棒で生地を厚さ5mmくらいにのばし、ペティナイフを使って器（耐熱用器）よりひとまわり小さな丸形に切る。器に好みのフルーツを入れてグラニュー糖小さじ½程度をふる。小さな丸形に切った生地を落とし込んで、生地の表面にもグラニュー糖をふる。

5. オーブンを200℃に設定し直し、20分焼く。

6. 熱いうちに好みのアイスクリームをのせる。

グラニュー糖の量は、フルーツの甘さに合わせて加減して。

ここではラフに落とし込んでいるが、ポットパイのように器にかぶせてもOK。

Various shapes

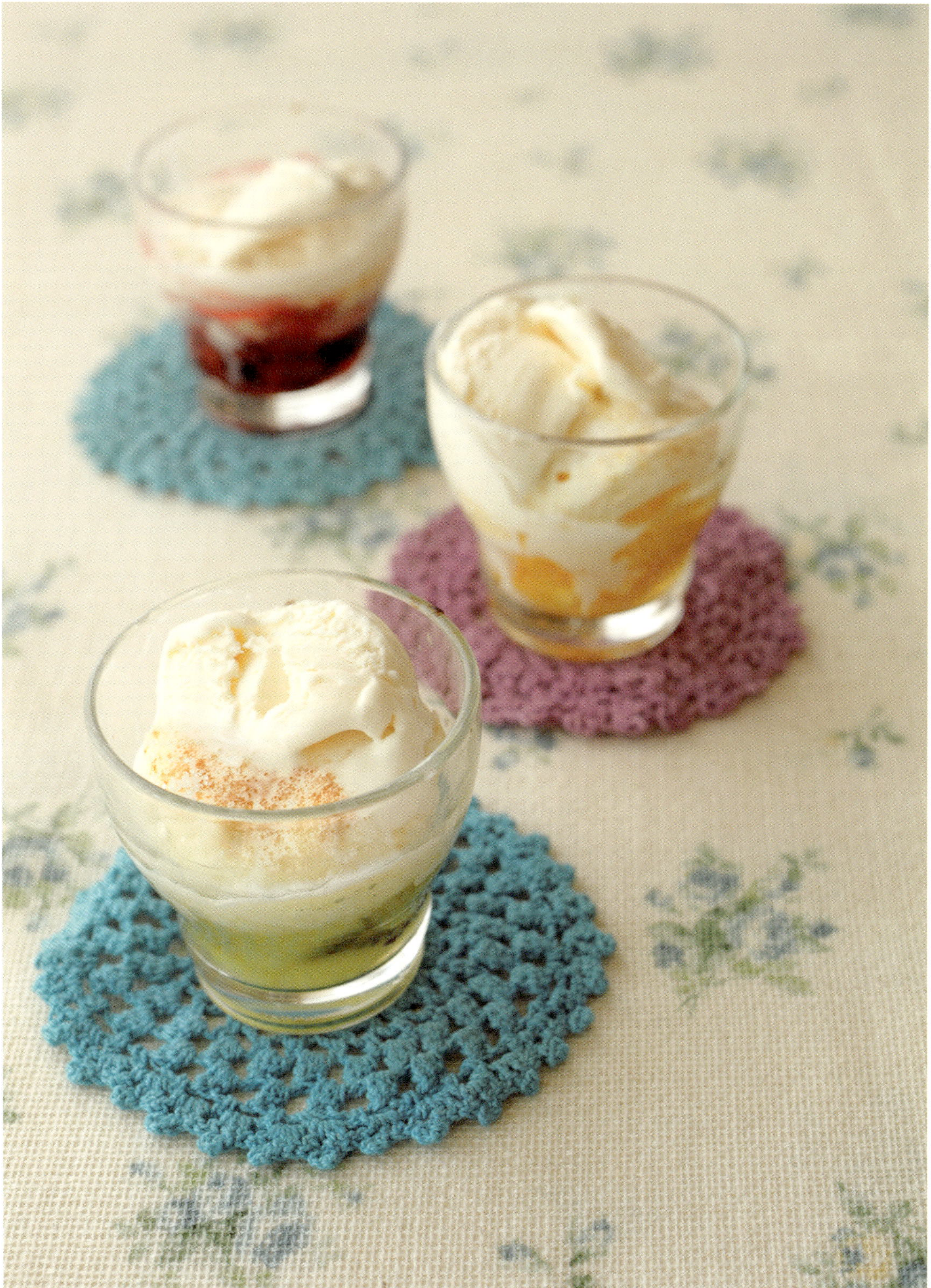

成形を変えるだけで、素朴なスコーンがおしゃれなスイーツに

シナモンロール

◎**材料**（6個分）

A ┌ 薄力粉——100g
　├ 砂糖——10g
　├ あら塩——指2本でひとつまみ
　└ ベーキングパウダー——3g

バター——20g
牛乳——45g

B ┌ グラニュー糖——小さじ2
　├ シナモン（パウダー）
　└ 　　——小さじ½

粉砂糖（仕上げ用）——適量

● アイシング
　┌ 粉砂糖——20g
　├ インスタントコーヒー
　│ 　　——小さじ½
　└ 水——小さじ1弱

● **準備**
- オーブンを220℃に予熱しておく。
- バターは1cm角に切り、冷蔵庫で冷やしておく。
- 厚紙を14×16cmに切って型紙を用意し、ラップにくるんでおく。
- Aを合わせてボウルにふるい入れておく。
- Bを合わせておく。

● **作り方**

1. ふるったAの入ったボウルにバターを入れ、指先と手のひらでバターを細かくする。

2. 牛乳の¾くらいを全体に回し入れ、カードで切るようにして混ぜる。残り全ての牛乳を加え、同様にして混ぜる。

3. 全体がしっとりしてきたらボウルから出し、手で押さえてひとかたまりにする。カードで生地を半分に切っては重ねる作業を2～3回繰り返す。

4. めん棒で生地を型紙に合わせて14×16cmの長方形にする（成形方法はP80を参照）。Bのフィリングを均一に散らし、スプーンの背などで押さえてなじませる。手前から巻いてロールケーキ状にし、巻き終わりをつまんでとじる。生地をつぶさないように包丁で6等分し、アルミカップにのせて天板に並べる。

5. オーブンを200℃に設定し直し、20分焼く。焼いている間に粉砂糖とインスタントコーヒーに水を少しずつ加え混ぜ、アイシングを作る。

6. 焼き上がったシナモンロールにアイシングをスプーンでかけ、茶こしで粉砂糖をふる。

■ **生地の成形**

Bのフィリングは生地の端から1cmくらいを残してのせる。

つぶれないよう、包丁でそっと切る。

アルミカップに入れると、きれいな形を保ったまま焼ける。

Various shapes

Cafe カフェ風

カジュアルなカフェのスコーンとホットビスケットが、おうちで作れる。
ラフに作って、コーヒーと一緒にどうぞ。

少し手間はかかるけれど、リッチな味わいはギフトにもぴったり
キャラメルホットビスケット

◎材料（3cm大×8個分）
A ┌ 薄力粉──100g
　├ 砂糖──10g
　├ あら塩──指2本でひとつまみ
　└ ベーキングパウダー──3g
バター──20g
牛乳──10g

● キャラメルクリーム
　┌ 砂糖──30g
　├ 生クリーム──50g
　└ 水──小さじ1

◎準備
● オーブンを220℃に予熱しておく。
● バターは1cm角に切り、冷蔵庫で冷やしておく。
● Aを合わせてボウルにふるい入れておく。

●作り方
1. キャラメルクリームを作る。砂糖30gと水小さじ1を小鍋に入れて火にかける。キャラメルが十分に色づいたら、一呼吸おいて火を止める。生クリームを一気に加えて鍋をゆすり、すぐに器にうつして冷ましておく。

2. ふるったAの入ったボウルにバターを入れ、指先と手のひらでバターを細かくする。

3. キャラメルクリームを全体に散らすように加え、カードで混ぜる。生地の状態を見ながら牛乳を全体に回し入れ、そのつどカードで切るようにして混ぜる。

4. 全体がしっとりしてきたらボウルから出し、手で押さえてひとかたまりにする。カードで生地を半分に切っては重ねる作業を2～3回繰り返す。

5. カードで生地を押さえて8×12cmくらいの長方形にととのえ、8等分する。オーブンシートを敷いた天板にのせる。

6. オーブンを200℃に設定し直し、15～20分焼く。

キャラメルが十分に色づいてから一気に生クリームを加え、すぐに鍋をゆすってなじませる。

まんべんなくなじむように加える。ボウルに残ったクリームも、へらなどできれいにすくいとって加える。写真よりクリームが柔らかい状態になった場合は、生地に加える牛乳を減らして水分量を調節して。

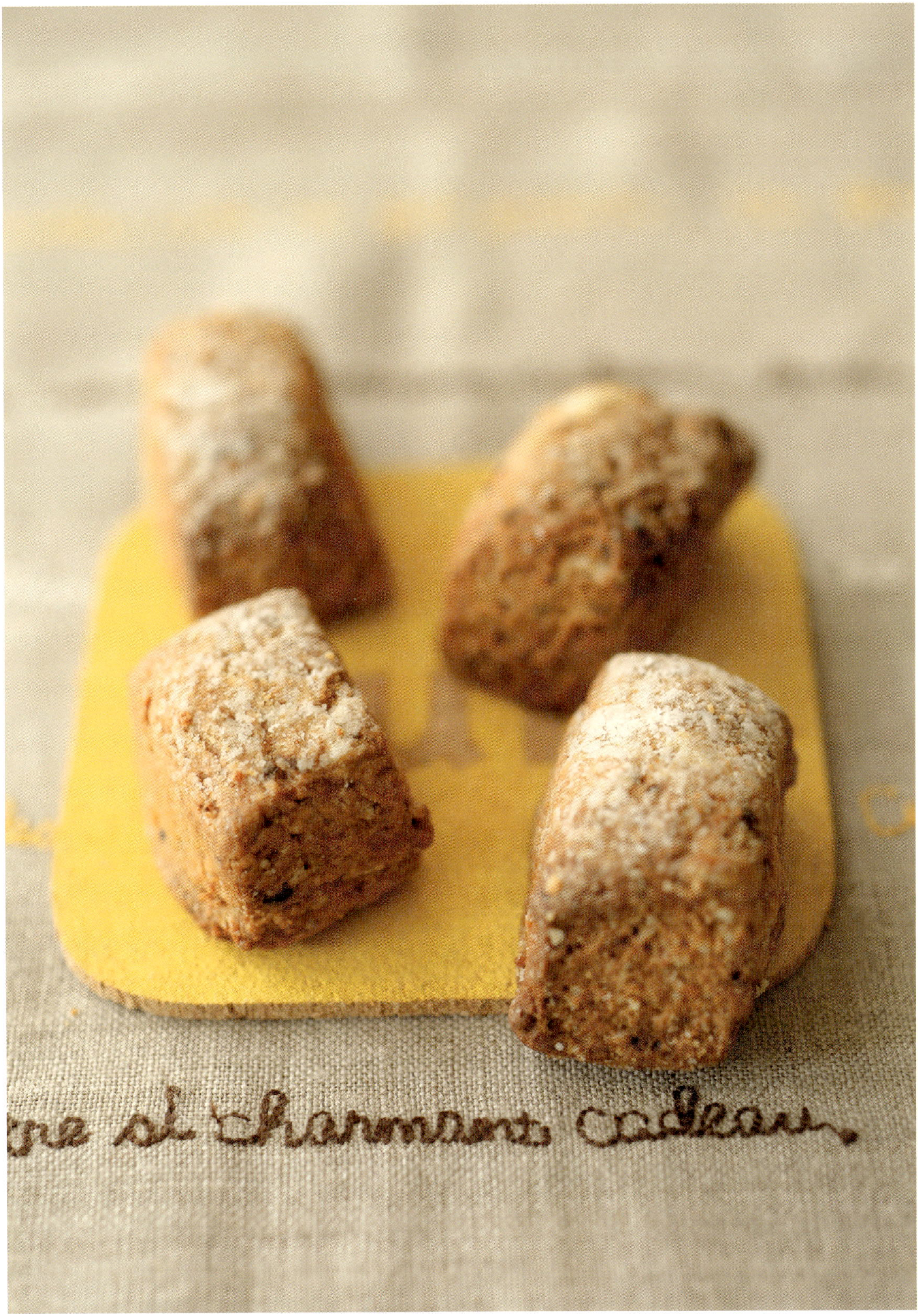
re si charmant cadeau,

黒ビールを加えた、大人っぽい味のスコーン

アイリッシュスコーン

◎**材料**（4個分）

A ［ 薄力粉——100g
　　砂糖——10g
　　ベーキングパウダー——3g ］

バター——20g
黒ビール——55g
くるみ——20g
レーズン——30g

●**準備**
- くるみは150℃のオーブンで10分から焼きし、手で砕いておく。
- オーブンを220℃に予熱しておく。
- バターは1cm角に切り、冷蔵庫で冷やしておく。
- レーズンはゆでこぼして水気を切っておく。
- Aを合わせてボウルにふるい入れておく。

●**作り方**
1. ふるったAの入ったボウルにバターを入れ、指先と手のひらでバターを細かくする。
2. くるみとレーズンを全体に散らすように加え、カードで混ぜる。黒ビールの¾くらいを回し入れ、切るようにして混ぜる。残り全てのビールを加え、同様にして混ぜる。
3. 全体がしっとりしてきたらボウルから出し、手で押さえてひとかたまりにする。カードで生地を半分に切っては重ねる作業を2〜3回繰り返す。
4. カードで生地を押さえて8×12cmくらいの長方形にととのえる。カードで2等分したあと、それぞれを斜めにカットし、三角にする。オーブンシートを敷いた天板にのせる。
5. オーブンを200℃に設定し直し、20〜25分焼く。

食べた瞬間に、ピーナッツの香りが口いっぱいに広がる

ピーナッツバターホットビスケット

◎材料（4個分）

A ┌ 薄力粉——100g
  │ 砂糖——10g
  └ ベーキングパウダー——3g

バター——20g
牛乳——35g
ピーナッツバター
　（加糖・チャンクタイプ＊）——50g

＊ピーナッツの粒が入っているタイプ。このビスケットには、チャンクタイプがおすすめ。

◎準備
- オーブンを220℃に予熱しておく。
- バターは1cm角に切り、冷蔵庫で冷やしておく。
- Aを合わせてボウルにふるい入れておく。

●作り方
1. ふるったAの入ったボウルにバターを入れ、指先と手のひらでバターを細かくする。
2. ピーナッツバターを加え、バターと同じように指先で細かくする。牛乳の¾くらいを全体に回し入れ、カードで切るようにして混ぜる。残り全ての牛乳を加え、切るようにして混ぜる。
3. 全体がしっとりしてきたらボウルから出し、手で押さえてひとかたまりにする。カードで生地を半分に切っては重ねる作業を2〜3回繰り返す。
4. カードで生地を押さえて8×12cmくらいの長方形にととのえる。カードで2等分したあと、それぞれを斜めにカットし、三角にする。オーブンシートを敷いた天板にのせる。
5. オーブンを200℃に設定し直し、20〜25分焼く。

大きく砕いたアーモンドがざくざく入った、アメリカンなカフェ風ホットビスケット

チョコ＆アーモンドのホットビスケット

◎材料（4個分）
A ┌ 薄力粉──100g
　├ 砂糖──10g
　└ ベーキングパウダー──3g
バター──20g
牛乳──50g
チョコレート（粗く刻む）──50g
アーモンド（粒）──30g

●準備
● アーモンドは150℃のオーブンで15分から焼きして、縦2つに切っておく。
● オーブンを220℃に予熱しておく。
● バターは1cm角に切り、冷蔵庫で冷やしておく。
● Aを合わせてボウルにふるい入れておく。

●作り方
1. ふるったAの入ったボウルにバターを入れ、指先と手のひらでバターを細かくする。
2. アーモンドとチョコレートを全体に散らすように加え、カードで混ぜる。牛乳の¾くらいを全体に回し入れ、切るようにして混ぜる。残り全ての牛乳を加え、同様にして混ぜる。
3. 全体がしっとりしてきたらボウルから出し、手で押さえてひとかたまりにする。カードで生地を半分に切っては重ねる作業を2〜3回繰り返す。
4. カードで生地を押さえて8×12cmくらいの長方形にととのえる。カードで2等分したあと、それぞれを斜めにカットし、三角にする。オーブンシートを敷いた天板にのせる。
5. オーブンを200℃に設定し直し、20〜25分焼く。

Cafe

ピーカンナッツの甘みとコクで、濃厚な味わいに

メープル＆ピーカンナッツのホットビスケット

◎材料（4個分）

A ┌ 薄力粉──100g
　├ あら塩──指2本でひとつまみ
　└ ベーキングパウダー──3g

メープルシロップ──25g
バター──20g
牛乳──35g
ピーカンナッツ*──50g

*ナッツの一種。脂肪を多く含み、甘みとコクがある。ピーカンナッツがなければ、くるみやアーモンドでもOK。

◎準備

- ピーカンナッツは150℃のオーブンで10分から焼きして、手で半分に砕いておく。
- オーブンを220℃に予熱しておく。
- バターは1cm角に切り、冷蔵庫で冷やしておく。
- Aを合わせてボウルにふるい入れておく。
- 牛乳35gのうち¾ほどをメープルシロップと合わせておく。

●作り方

1. ふるったAの入ったボウルにバターを入れ、指先と手のひらでバターを細かくする。

2. ピーカンナッツを全体に散らすように加え、カードで混ぜる。メープルシロップを合わせた牛乳を回し入れ、カードで切るようにして混ぜる。残り全ての牛乳を加え、同様にして混ぜる。

3. 全体がしっとりしてきたらボウルから出し、手で押さえてひとかたまりにする。カードで生地を半分に切っては重ねる作業を2〜3回繰り返す。

4. カードで生地を押さえて8×12cmくらいの長方形にととのえる。カードで2等分したあと、それぞれを斜めにカットし、三角にする。オーブンシートを敷いた天板にのせる。

5. オーブンを200℃に設定し直し、20〜25分焼く。

道具リスト

ボウル
ボウルは、材料を混ぜるときに使います。小さすぎるとボウルのなかでカードが使いにくいので、直径20〜24cmのものがおすすめです。

スプーン
ドロップスコーンのように水分量が多い生地の場合は、混ぜたり成形したりするときにスプーンを使います。大きめで、薄手のものが2本あると便利。

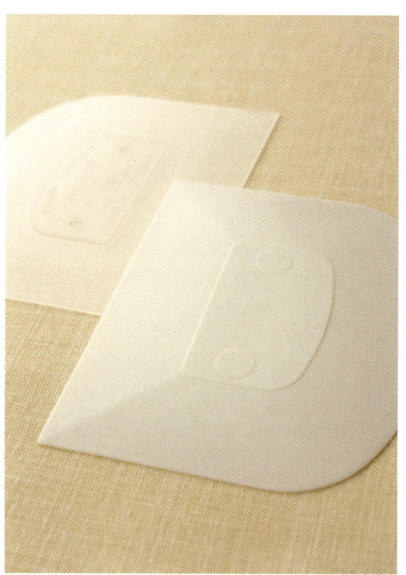

カード
生地を切るように混ぜたり、成形したりするときに使います。ふんわりさっくりとしたスコーンを作るためには欠かせません。2枚あると、カードから生地をこそげ取るときに便利。

大さじ・小さじ
少量の材料を量るときに使います。粉類や砂糖、塩を量るときは、多めにすくって、スプーンの柄などで平らにしてすりきりで量ります。

抜き型

正統派なイギリス風スコーンを作るときに使っています。本書では直径5cmの丸形と菊型のものを使用しています。切り口の鋭いものを使うと、スコーンがよくふくらみます。

ハケ

生地の表面に牛乳を塗ったりする際に使います。シリコン製のものはヤギ毛やナイロン毛のものにくらべて洗いやすいので、清潔に保つことができます。

スケール

重さを量るときに使います。家庭で使うものなら1kgまで量れれば十分。1g単位で量れるものを選びましょう。デジタルのものが見やすく、扱いやすいのでおすすめです。

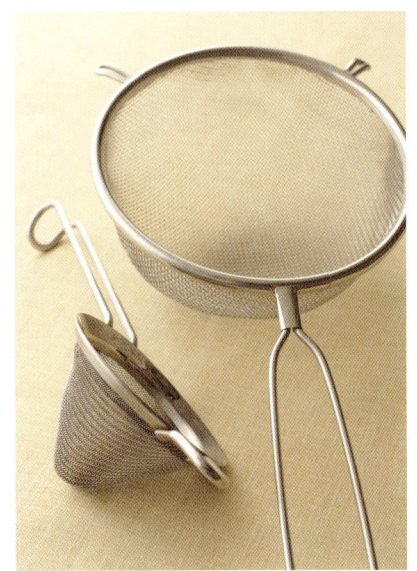

茶こし・万能こし器

茶こしは仕上げの粉砂糖や薄力粉などをふるときに便利。万能こし器は粉類をふるうときに使います。

著者紹介

藤田千秋（ふじたちあき）

結婚後、パン作りをはじめる。島津睦子ケーキングスクールでパンの師範科卒。フランス料理、フードコーディネートなど幅広く学ぶ。自宅で手作りパンと料理の教室「C's table」を主宰。料理研究家として雑誌、テレビなどで活躍している。著書に『発酵いらずのクイック・パン』（講談社）、『藤田千秋のおいしいパン教室』（主婦と生活社）、『こねなくてもパンができた！』（主婦と生活社）など。

ホームページ　http://www.chiaki-net.com

STAFF

デザイン	釜内由紀江、飛岡綾子（GRiD CO.,LTD.）
撮影	矢野宗利
スタイリング	宮澤由香
調理アシスタント	西川郁美
編集・構成	佐々木智恵美、鮫島沙織（株式会社ケイ・ライターズクラブ）
企画・進行	中川通、牧野貴志（辰巳出版株式会社）

＊読者のみなさまへ
本書の内容に関するお問い合わせは、お手紙かメール（info@TG-NET.co.jp）にて承ります。恐縮ですが、電話でのお問い合わせはご遠慮ください。

いちばんやさしい！いちばんおいしい！
スコーン&ホットビスケット

平成22年11月10日　初版第1刷発行

著者	藤田千秋
編集人	吉村太郎
発行人	穂谷竹俊
発行所	株式会社 日東書院本社

〒160-0022 東京都新宿区新宿2丁目15番14号 辰巳ビル
TEL：03-5360-7522（代表）
FAX：03-5360-8951（販売部）
URL：http://www.TG-NET.co.jp/

印刷所・製本所　凸版印刷株式会社
本書の無断複写複製（コピー）は、著作権法上での例外を除き、著作者、出版社の権利侵害となります。
乱丁・落丁はお取り替えいたします。小社販売部までご連絡ください。
©chiaki fujita 2010. Printed in Japan
ISBN978-4-528-01999-7 C2077